Alex Bieli • Ruedi Fricker • Katrin Lyrén

Deutsch Kompaktwissen

Band 1

Wortlehre • Satzlehre • Grammatik
Rechtschreibung • Zeichensetzung
mit vielfältigen Übungen

hep der bildungsverlag

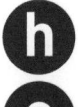

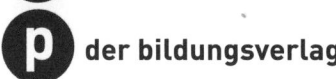

Lösungsbuch
ISBN 978-3-03905-929-4

Alex Bieli, Ruedi Fricker, Katrin Lyrén
Deutsch Kompaktwissen – Band 1
Wortlehre, Satzlehre, Grammatik, Rechtschreibung,
Zeichensetzung – mit vielfältigen Übungen
ISBN 978-3-03905-928-7

Gestaltung und Layout: Atelier Kurt Bläuer, Bern

Bibliografische Information der Deutschen Nationalbibliothek:
Die Deutsche Nationalbibliothek verzeichnet diese Publikation
in der Deutschen Nationalbibliografie; detaillierte bibliografische
Daten sind im Internet über http://dnb.dnb.de abrufbar.

7. Auflage 2013
Alle Rechte vorbehalten
© 2013 hep verlag ag, Bern

www.hep-verlag.ch

Inhaltsverzeichnis

Vorwort — 5

Wortbildung

    Laute und Buchstaben — 8
    Silben — 10

Wörter

    Wortform und Wortinhalt — 14
    Zusammensetzungen — 16
    Wortbedeutung und Stilschichten — 18
    Wortfamilie und Wortfeld — 20
    Oberbegriffe und Unterbegriffe — 22
    Fremdwörter und Fachwörter 1 — 24
    Fremdwörter und Fachwörter 2 — 26

Wortarten

    Einteilung — 30

    Verb
    Formen und Funktionen — 32
    Arten — 34
    Modalverben — 36
    Die Stammformen — 38
    Die sechs Zeiten — 40
    Zeitenfolge — 42
    Indikativ und Imperativ — 44
    Konjunktiv I und II: Bildung — 46
    Konjunktiv I: Anwendung — 48
    Konjunktiv II: Anwendung — 50
    Aktiv / Passiv — 52

    Nomen
    Geschlecht — 54
    Einzahl / Mehrzahl — 56
    Fälle 1 — 58
    Fälle 2 — 60

    Adjektiv
    Funktion, Bildung, Deklination — 62
    Steigerung — 64

    Pronomen
    Übersicht — 66
    Gebrauch — 68

    Partikel
    Adverb — 70
    Konjunktion — 72
    Präposition — 74

Rechtschreibung

    Einführung — 78
    Vokale, Umlaute, Doppellaute — 80
    Konsonanten — 82
    Grossschreibung — 84
    Kleinschreibung — 86
    Getrennt- und Zusammenschreibung — 88

Satzlehre

    Satzglieder
    Subjekt und Prädikat — 92
    Kongruenz von Subjekt und Prädikat — 94
    Objekte — 96
    Adverbialien und Attribute — 98
    Satzglieder abgrenzen und bestimmen — 100

    Satzarten
    Hauptsatz und Nebensatz — 102
    Satzverbindung, Satzgefüge und Ellipse — 104
    Relativsatz — 106
    Konjunktionalsatz — 108
    Nebensätze ohne konjugiertes Verb — 110

Zeichensetzung

    Kommasetzung: Einführung — 114
    Das Komma zwischen Sätzen — 116
    Das Komma im Satzinnern — 118
    Punkt, Strichpunkt — 120
    Ausrufezeichen, Fragezeichen, Doppelpunkt, Anführungszeichen — 122
    Klammer, Gedankenstrich — 124
    Hilfszeichen: Apostroph, Bindestrich, Schrägstrich — 126

Anhang

    Arbeiten mit dem Wörterbuch — 130
    Individuelle Wörterliste — 132
    Zusammenfassungen: Beispiele — 136
    Eigene Zusammenfassungen — 137
    Grammatische Fachbegriffe — 146
    Stichwortverzeichnis — 149

Vorwort zur 6., überarbeiteten Auflage

«Deutsch Kompaktwissen – Band 1», hat sich seit der 1. Auflage 2003 dank der übersichtlichen Darstellung des theoretischen Grundlagenwissens, der klaren Gliederung sowie der vielfältigen, praxisnahen Anwendungsübungen zu einem der meistverwendeten Deutschlehrmittel für den Unterricht in der Berufs- und Erwachsenenbildung entwickelt. Nach der 5. Auflage 2011 haben wir dieses Grundlagenwerk nun eingehend überarbeitet. In den Theorieteilen kam es zu inhaltlichen Ergänzungen; so wurden fünf neue Kapitel integriert. Zudem wurde ein Grossteil des Übungsmaterials neu erstellt. Und zum besseren Auffinden der Themen findet sich im Anhang neu ein Stichwortverzeichnis. Aufbau und Layout sind leicht verändert; die bewährte Doppelseitenstruktur wurde beibehalten. Durch die Überarbeitung ist «Deutsch Kompaktwissen – Band 1», inhaltlich reicher, gestalterisch noch übersichtlicher und insgesamt attraktiver geworden.

Was finden Sie in diesem Buch?

Das Lehrmittel trägt dem heutigen Trend der Wissenskonzentration Rechnung, indem es das Wichtigste zu den formalen Sprachbereichen kompakt, klar und übersichtlich darstellt. Der umfangreiche Übungsteil enthält realistische Beispiele und geht auf Fehler ein, die in der Praxis häufig vorkommen. Im Anhang finden Sie leere Seiten für das Erstellen einer individuellen Wörterliste und eigener Kurzzusammenfassungen, eine Übersicht mit den wichtigsten grammatischen Fachbegriffen sowie ein alphabetisch geordnetes Stichwortverzeichnis.

Wie ist das Lehrmittel aufgebaut?

Durch unsere langjährige Unterrichtserfahrung wissen wir, dass sowohl Lernende als auch Lehrende einen klaren Aufbau und übersichtliche Darstellungsformen schätzen. Das Lehrmittel ist thematisch gegliedert und beginnt mit den kleinsten Spracheinheiten, den Lauten und Buchstaben, geht über zum Wort und endet mit den längeren und komplexeren Strukturen des Satzes. Die einzelnen Kapitel sind konsequent nach der Doppelseitenstruktur ausgebaut: Auf der linken Seite finden Sie jeweils die Theorieübersicht, auf der rechten Seite die praktische Anwendung mit den Übungen.

Wie kann man mit dem Lehrmittel arbeiten?

Der modulare Aufbau von «Deutsch Kompaktwissen – Band 1», lässt verschiedene Arbeitsweisen zu. So können Sie einzelne Themen nach Bedarf auswählen und Ihr Wissen auffrischen, erweitern und vertiefen. Sie können das Buch jedoch auch systematisch, Seite für Seite durcharbeiten. Bei dieser Arbeitsweise raten wir Ihnen zu kurzen Lerneinheiten von maximal einer Stunde, denn aus der Lernpsychologie weiss man, dass abwechslungsreiches Lernen in «kleinen Portionen» nachhaltiger ist. Die meisten Aufgaben können einzeln oder zu zweit gelöst werden; einige davon eignen sich auch für Gruppenarbeiten oder kleinere Projekte.

An wen richtet sich das Buch?

Beim Zusammentragen des theoretischen Basiswissens und beim Erstellen der Übungen hatten wir in erster Linie Lernende in der schulischen und beruflichen Aus- und Weiterbildung vor Augen. Das Lehrmittel eignet sich sowohl für den Klassenunterricht als auch zur individuellen Bearbeitung im Sinne der Ergänzung und Vertiefung von bereits Gelerntem. Zusammen mit dem Lösungsbuch können wir das Buch auch all jenen empfehlen, die ihre Deutschkenntnisse im Selbststudium auffrischen, festigen und vertiefen wollen. Zudem dient das Buch auch als Nachschlagewerk.

März 2012

Das Autorenteam
Alex Bieli, Ruedi Fricker, Katrin Lyrén

Wortbildung

Laute und Buchstaben	**8**
Silben	**10**

Laute und Buchstaben

Unser Sprachsystem ist ein komplexes Gebilde, bestehend aus Buchstaben, Lauten, Wörtern und Sätzen. Die einzelnen Wörter sind darin die kleinsten selbstständigen, bedeutungstragenden Einheiten und spielen daher eine zentrale Rolle. Wörter werden gebildet aus Kombinationen von Lauten beziehungsweise Buchstaben. Kenntnisse der Laut- und Buchstabenlehre dienen auch dazu, die Rechtschreibregeln besser zu verstehen.

Das Alphabet

In den meisten Kulturen wurde das Gesprochene nach und nach in schriftlicher Form festgehalten. Dazu musste ein **System von Zeichen** entwickelt werden. In unserer Sprachgemeinschaft benützen wir für die schriftliche Wiedergabe der Laute das sogenannte **Alphabet mit 26 Zeichen**, allgemein bekannt als das «Abc». 26 Buchstaben bilden die Basis unseres Schriftsystems. Wenn man sie in eine bestimmte Reihenfolge setzt, erhalten wir Wörter. Beispiel: l + e + s + e + n (lesen). Durch kleine Veränderungen entstehen neue Wörter: l + e + **b** + e + n (leben), **b** + e + b + e + n (beben) usw. Die Kombinationsmöglichkeiten sind enorm, doch nicht jede Komposition ergibt einen Sinn. Zusammensetzungen wie d + a + b oder w + u + k + i tönen fantasievoll, für die Kommunikation sind sie jedoch wertlos – zumindest in der deutschen Sprache.

Laut-Buchstaben-Zuordnung

Die Laut-Buchstaben-Zuordnung ist zufällig. Ein Vergleich mit der neugriechischen Sprache macht diese **Willkürlichkeit** deutlich. Wer Neugriechisch lernt, muss zuerst eine zum Teil völlig unterschiedliche Laut-Buchstaben-Zuordnung, ein neues Alphabet, lernen. Beim ersten Buchstaben ist es noch einfach: Das A entspricht wie bei uns dem Laut /a/. Beim B wird es schon schwieriger. Dieses wird nämlich als /w/ ausgesprochen, das H als /i/, das P als /r/. E, K, M, N und T sind dann wieder gleich oder ähnlich wie im Deutschen. Wenn Sie Ihre nächsten Ferien auf einer griechischen Insel verbringen und am Flughafen das Wort KPHTH entdecken, sind Sie auf /kriti/, auf Kreta, gelandet.

Buchstabenkombinationen

Mit den 26 Buchstaben unseres Alphabets können wir nicht alle Laute wiedergeben. So gibt es keine Einzelbuchstaben für den sch-Laut oder den ch-Laut. Diese werden mit **Buchstabenkombinationen** dargestellt, mit s + c + h und mit c + h. Der Grund für dieses Missverhältnis von Lauten und Buchstaben liegt darin, dass unser Alphabet vor über tausend Jahren von der lateinischen Sprache übernommen wurde, also nicht speziell für die deutsche Sprache geschaffen worden ist.

Vokale und Konsonanten

Man unterscheidet grundsätzlich zwei Lautformen: Vokale und Konsonanten. Bei den **Vokalen** a/e/i/o/u kann die Atemluft ungehindert durch den Mund strömen. Die Vokale tragen sich sozusagen selbst; daher werden sie auch Selbstlaute genannt. Zu den Vokalen zählen auch die Umlaute ä/ö/ü und die Diphthonge (Doppellaute oder Zwielaute) ei/ai/au/äu/eu.
Bei den **Konsonanten** wird die ausströmende Luft zeitweise gehemmt oder sogar angehalten. Zudem müssen Konsonanten immer durch einen Vokal gestützt werden; daher heissen sie auch Mitlaute. Beispiele: b = be/c = ce/d = de/f = ef/g = ge usw.
Weitere Unterscheidungen sind: Anlaut (**A**bend), Inlaut (k**a**lt) und Auslaut (Aren**a**); geschlossene Vokale (N**e**bel) und offene Vokale (M**ä**nner); lange Vokale (R**ie**se) und kurze Vokale (R**i**sse); stimmhafte (Ro**s**e) und stimmlose Konsonanten (Ka**ss**e).

Übung 1

Vergleichen Sie bei folgenden Vornamen das Verhältnis zwischen Vokalen und Konsonanten. Was stellen Sie fest? Wie klingen die Namen?
Männliche Vornamen: Stefan, Daniel, Michael, Lukas, Christian, Martin, Peter, Markus, Patrick, Dominik
Weibliche Vornamen: Lena, Laura, Anna, Lea, Nina, Claudia, Anja, Lisa, Sabina, Daniela

Übung 2

G-Sketch nach Heinz Erhardt (gekürzt)

Mitwirkende: die Ehefrau (Sie), der Ehemann und der Hausfreund (Er)
Er: Geliebte! – Sie: Geliebter! – Er: Günstige Gelegenheit! Gatte ging! – Sie: Getränk gefällig? – Er: Genialer Gedanke! – Sie: Glas Grog? – Er: Gern! – Sie: Gesundheit! – Er: Gleichfalls. Gutes Gesöff! – Sie: Glücklich? – Er: Gewiss! (Kuss) – Sie: Geht ganz gut, gell? – Er: Gib Gas! (Kuss) – Ehemann (kommt): Genug gesehen! Grosse Gemeinheit! – Sie: Guter Gemahl! – Er: Gespräch ganz geschäftlich! – Ehemann: Glaube gar nichts! Greife Gewehr! – Sie: Gnade! Gütiger Gatte! – Er: Gerhard! Genosse! – Ehemann: Geh! Gangster! (schiesst). – Er: Gesäss getroffen!

Erfinden Sie selber einen kurzen Sketch, der immer oder zumindest grösstenteils aus Wörtern mit demselben Anfangsbuchstaben besteht.

Übung 3

Ersetzen Sie jeweils einen Buchstaben an der gleichen Stelle, sodass ein neues Wort entsteht.
Beispiele: **M**atte – **W**atte; schrei**b**en – schrei**t**en

Laus	spuren ....
Seite	loben ....
Kahn	beten ....
Gabel	müssen ....
Nacht	kalt ....
Leute	lustig ....
Sonne	kaum ....
Wein	viel ....
Ende	seit ....

Übung 4

Erklären Sie den Bedeutungsunterschied zwischen:

Weise/Waise	Hüte/Hütte	seelisch/selig
Leib/Laib	Bett/Beet	beten/betten
Seite/Saite	Dorf/Torf	Mal/Mahl
Lehre/Leere	Deich/Teich	malen/mahlen
Lied/Lid	Lerche/Lärche	seit/seid
Miene/Mine	Nachname/Nachnahme	wieder/wider
Stiel/Stil	Städte/Stätte	
Rate/Ratte	Saal/Säle	

Wortbildung

Silben

Die Silben sind die kleinsten Lautgruppen bzw. Buchstabenverbindungen, aus denen sich ganze Wörter aufbauen lassen. Der Grundbestandteil ist immer ein Vokal. In der Regel kann eine Silbe nicht als eigenständiges Wort, sondern nur als Bestandteil eines Wortes gebraucht werden.

Silbentypen

Man unterscheidet folgende drei Silbentypen:

Vorsilbe	lat. Präfix: «das vorne Angeheftete»
	be-herrschen, **zer**-brechen, **ent**-gleisen, **er**-träglich, **Auf**-takt
Stammsilbe	Die Stammsilbe ist der zentrale Bestandteil des Wortes.
	be-**sieg**-en, ver-**rost**-en, zer-**brech**-en, Ver-**kleid**-ung, ver-**bind**-lich, **mod**-isch
Nachsilbe	lat. Suffix: «das hinten Angeheftete»
	freund-**lich**, erfolg-**los**, liefer-**bar**, Land-**ung**, Neu-**heit**

Ableitungen und Zusammensetzungen

Wörter können also gebildet werden, indem man bei einer Stammsilbe vorne oder hinten Elemente (Präfixe, Suffixe) anhängt. Diese Form der Wortbildung nennt man **Ableitung**.
Beispiele: un+möglich (unmöglich), miss+Erfolg (Misserfolg), ur+Sprung (Ursprung); klar+heit (Klarheit); Stadt+isch (städtisch), Erfolg+los (erfolglos), Schweiz+er (Schweizer); be+straf+ung (Bestrafung), ver+Film+ung (Verfilmung), un+höflich+keit (Unhöflichkeit)
Von **Zusammensetzung** spricht man, wenn zwei oder mehrere eigenständige Wörter kombiniert werden, wie Hand+Tuch (Handtuch), Glas+Kugel (Glaskugel), alt+Bau (Altbau), schweigen+Pflicht (Schweigepflicht), Hilfe+bereit (hilfsbereit), hoch+Druck+Gebiet (Hochdruckgebiet).

Die Endsilbe -in für weibliche Personenbezeichnungen

Bei den meisten Personenbezeichnungen ist die Bildung der weiblichen Form problemlos möglich: Schülerin, Studentin, Fahrerin, Ärztin, Matrosin, Politikerin, Redaktorin. Wenn die männliche Bezeichnung auf -erer endet, wird in Kombination mit -in meist ein -er weggelassen: Zauberer/Zauberin. Bei Zusammensetzungen mit -mann wird die weibliche Form mit -frau gebildet: Fachmann/Fachfrau, Staatsmann/Staatsfrau, Kaufmann/Kauffrau usw. Bei Begriffen wie Kind, Person, Leute, Mitglied, Gast wird die Endung «-in» nicht gebraucht.

Hinweise zur Trennung

Wörter werden grundsätzlich **nach Sprechsilben getrennt**. Setzen Sie also den Trennstrich dort, wo Sie beim langsamen Aussprechen des Wortes eine kurze Pause machen.
Beispiele: Ge-dan-ken-spiel / An-ord-nung / ver-dop-peln / un-ver-zeih-lich
Die Vorsilbe wird immer als Einheit abgetrennt; Stamm- und Endsilbe können hingegen zergliedert werden. Bei einer Worttrennung sollte auch auf das Schriftbild und die Bedeutung geachtet werden.

nicht:	sondern:	nicht:	sondern:
bein-halten	be-inhalten	Punk-trichter	Punkt-richter
Spargel-der	Spar-gelder	Versenkanten-nen	Versenk-antennen
Visage-suche	Visa-gesuche	Staat-sex-amen	Staats-examen

Tipp: Bei Unsicherheit die Trennung vermeiden oder im Wörterbuch nachschlagen.

Übung 1

Bilden Sie mit folgenden Vorsilben so viele Verben (1.1) und Adjektive (1.2) wie möglich.

1.1   zer-   ....

....

1.2   un-   ....

....

Übung 2

Bilden Sie mit folgenden Nachsilben so viele Adjektive (2.1) und Nomen (2.2) wie möglich.

2.1   -lich   ....

....

2.2   -heit   ....

....

Übung 3

Bilden Sie mit den gegebenen Stammsilben durch das Anhängen von Vor- und Nachsilben neue Begriffe. Besprechen Sie miteinander die unterschiedlichen Bedeutungen.

3.1   Stammsilbe -schreib-

Nomen:	Verben:	Adjektive:

3.2   Stammsilbe -mess-

Nomen:	Verben:	Adjektive:

3.3   Stammsilbe -kauf-

Nomen:	Verben:	Adjektive:

Übung 4

Trennen Sie die folgenden zwanzig Wörter nach Sprechsilben.

Armbanduhr	Naherholungsgebiet ....
Befestigung	Organigramm ....
bepflanzen	Personalabteilung ....
Computer	Flussschifffahrt ....
Dutzend	Schmiergelder ....
fusionieren	Zuckerwasser ....
interaktiv	Überkapazitäten ....
Katastrophe	wenigstens ....
Lehrerinnen	Widersprüchlichkeit ....
Mittagszeit	Zimmerpflanzen ....

Wörter

Wortform und Wortinhalt	**14**
Zusammensetzungen	**16**
Wortbedeutung und Stilschichten	**18**
Wortfamilie und Wortfeld	**20**
Oberbegriffe und Unterbegriffe	**22**
Fremdwörter und Fachwörter 1	**24**
Fremdwörter und Fachwörter 2	**26**

Wortform und Wortinhalt

Mit der Sprache hat sich der Mensch die einzigartige Möglichkeit geschaffen, sich unabhängig von Zeit und Ort auf all das zu beziehen, was sich in der Welt beobachten, erfahren, erfühlen und bedenken lässt. So können wir beispielsweise sehr detailliert über New York reden, auch wenn wir nicht gerade dort sind. Sprache prägt unser Denken, erfasst die Welt und ermöglicht die gegenseitige Kommunikation. Dabei ist das Wort die wichtigste informationstragende Einheit.

Was ist ein Wort?

Wörter sind abstrakte sprachliche Zeichen, die auf etwas in der Welt hinweisen und mit denen wir uns verständigen. Um zu wissen, worauf sich ein sprachliches Zeichen bezieht, muss man seine Bedeutung kennen. Das heisst, die Zuordnung von Wortform und Wortinhalt muss bekannt sein. Je mehr Wörter wir kennen, desto differenzierter können wir uns über die Welt verständigen.

Beziehung zwischen Form und Inhalt

Im Gegensatz zu Handzeichen und Piktogrammen sind Wörter **sehr abstrakte Verständigungsformen**, denn zwischen der Form des Zeichens und seinem Inhalt besteht kein innerer Zusammenhang. So hat die Buchstabenkombination B + A + U + M überhaupt nichts mit dem Wesen und der Form des wirklichen Gegenstands zu tun. Die Beziehung zwischen der Sprachform «BAUM» und dem gemeinten Gegenstand ist eine rein willkürliche. Ein Vergleich mit anderen Sprachen macht uns diese **Willkürlichkeit** deutlich. Um auf den gleichen Gegenstand (Baum) hinzuweisen, brauchen Französischsprachige die Buchstabenkombination A + R + B + R + E (arbre), Italienischsprachige A + L + B + E + R + O (albero), im Englischen ist es T + R + E + E und im Neugriechischen Δ + E + N + T + P + O (dentro). Nur bei sogenannt **lautmalerischen Wörtern** besteht eine gewisse Beziehung zwischen Form und Inhalt: Kuckuck, quietschen, flutschen, miauen. Oder: kikeriki (deutsch), güggerüggü (schweizerdeutsch), cock-a-doodle-doo (englisch), cocorico (französisch), kukareku (russisch).

Gleiche Buchstabenkombination – verschiedene Bedeutung

Es gibt Buchstabenkombinationen, die je nach Sprache unterschiedliche Bedeutungen haben. Sie werden leicht verwechselt und heissen daher «false friends» (falsche Freunde). Hier einige Beispiele aus dem englischen Wortschatz, die leicht mit gleichlautenden deutschen Wörtern verwechselt werden können: hell / mist / gift / arm / bald / brave / note / also / brief / rock / fast

Unser Wortschatz

Die Sprache ist ein offenes System und passt sich Veränderungen laufend an. So entstehen ständig neue Wörter, und andere verschwinden aus unserem aktiven Wortschatz. Ausdrücke wie «Fehde» (Streit), «Gant» (öffentliche Versteigerung), «Miederwaren» (Unterwäsche für Frauen) oder «Stiefelknecht» (Gerät zum Ausziehen der Stiefel) kennen viele nicht mehr. Dafür sind Neuschöpfungen wie «Handy», «simsen», «mailen», «boarden», «Strichkampf» (beim Sport) bekannt. Ab und zu erfahren Wörter eine Wiederbelebung: Beim Wort «Speicher» denken wir heute an den Computer und nicht an eine Vorratskammer; bei «Ampel» an das Lichtsignal an einer Strassenkreuzung und nicht an die ursprünglich gemeinte Öllampe.

Wie viele Wörter gibt es?

Die 16. Auflage des Rechtschreibe-«Duden» von 1968 umfasste rund 91 000 Stichwörter; die 25. Auflage von 2009 bereits 135 000. Insgesamt nimmt der deutsche Wortschatz also zu. Nach sprachwissenschaftlichen Schätzungen gibt es heute im Deutschen rund 200 000 allgemein gebräuchliche Wörter; dazu kommt die grosse Menge an Ausdrücken der Fach- und Sondersprachen. Der aktive Wortschatz einer durchschnittlich gebildeten Person dürfte bei rund 2000 bis 3000 liegen; der passive Wortschatz liegt deutlich höher.

Übung 1

Stellen Sie eine Liste von etwa zwanzig Wörtern zusammen, die vor fünfzig Jahren noch nicht existiert haben dürften.

………
………
………
………
………
………
………
………

Übung 2

Suchen Sie in einem Wörterbuch nach Ausdrücken, die heute als veraltet gelten oder deren Bedeutung man gar nicht mehr kennt. Beispiel: Gevatter = Taufpate, Götti

………
………
………
………
………
………
………
………

Übung 3

Gehen Sie dem Bedeutungswandel folgender Begriffe nach: Weib, Frau, Fräulein, Hochzeit, Gift, billig, geil

………
………
………
………
………
………
………
………

Übung 4

Eine spielerische Übung: Erfinden Sie eine Geheimsprache, indem Sie zuerst völlig neue Buchstabenkombinationen erfinden und diesen anschliessend Inhalte zuordnen. Beispiel: «dolebi» steht für Mensch; «kera» für arbeiten; «seb» für gut usw.
Bilden Sie danach mit den neuen Wörtern einfache Aussagesätze. Lesen Sie diese den anderen vor. Diskutieren Sie die Auswirkungen in Bezug auf die Kommunikation.

Zusammensetzungen

Im Kapitel «Silben» (Seite 10) wurde die Wortbildung durch Ableitung und Zusammensetzung beschrieben. Zur Erinnerung: Neue Wörter können durch Ableitung (Auf-stell-ung) und durch Zusammensetzung bestehender Wörter (Fenster-scheibe) entstehen. Zudem können Kurzwörter gebildet werden («Auto» für «Automobil»). In diesem Kapitel geht es um die Wortbildung durch Zusammensetzung.

Zusammensetzungen

Die Möglichkeiten der Wortbildung durch Zusammensetzung sind beinahe unbegrenzt. Bei der Länge der neuen Wörter muss man jedoch auf die Verständlichkeit achten. So können wir ein Wort wie «Gewaltpräventionsmassnahmenkatalog» noch einigermassen erfassen. Bei «Gewaltpräventionsmassnahmenkatalogerarbeitungskommission» brauchen wir bereits eine «Übersetzungshilfe»: eine Kommission, die einen Massnahmenkatalog zur Prävention von Gewalt erarbeitet. Solche Schlangenwörter machen keinen Sinn und sollten nicht gebildet werden.

Die einfachste Zusammensetzung besteht aus zwei Wörtern, zum Beispiel «Garten+Arbeit» (Gartenarbeit). Zwischen den beiden Teilen besteht folgende Beziehung: Das erste Glied bestimmt oder beschreibt das zweite und wird daher **Bestimmungswort** genannt. Das zweite Glied ist das **Grundwort**. In unserem Beispiel meinen wir also Arbeit (=Grundwort), die im Garten (=Bestimmungswort) verrichtet wird.

Wortverbindungen

Bestimmungswort	Grundwort	Neuer Begriff
Direkte Verbindungen		
Gewitter	Wolken	Gewitterwolken: Wolken, die ein Gewitter ankündigen
Abend	Spaziergang	Abendspaziergang: Spaziergang am Abend
Wald	Rand	Waldrand: Rand des Waldes
Verbindungen mit Fugenelementen		
Hund	Leben	Hundeleben: ein Leben wie das eines Hundes
Mensch	Freund	Menschenfreund: ein Freund der Menschen
Leben	Freude	Lebensfreude: Freude am Leben
Andere Verbindungen		
rot	Licht	Rotlicht: rotes Signal bei einer Ampel
Hilfe	bereit	hilfsbereit: bereit, Hilfe zu leisten
schwimmen	Bad	Schwimmbad: Bad, wo man schwimmen kann

Bei mehrteiligen Zusammensetzungen kann entweder das Grundwort oder das Bestimmungswort bereits eine Komposition sein.

Nahrungsmittel + Laden → Nahrungsmittelladen (Nahrungsmittel-Laden)

Nahrungsmittel + Ladenkette → Nahrungsmittelladenkette (Nahrungsmittel-Ladenkette)

Grundwort und auch Bestimmungswort

Es gibt ein paar Zusammensetzungen, bei denen die beiden Einzelwörter sowohl als Grundwort als auch als Bestimmungswort verwendet werden können: Quellwasser/Wasserquelle, Sandwüste/Wüstensand, Stammbaum/Baumstamm, Laientheater/Theaterlaien

Die Wortbedeutung wird auch hier immer durch das Grundwort bestimmt. Also: Quellwasser= Wasser aus einer Quelle, Wasserquelle=Quelle mit Wasser; Sandwüste=eine Wüste aus Sand, Wüstensand=Sand aus der Wüste usw.

Übung 1

Bilden Sie neue Begriffe, indem Sie die gegebenen Wörter mit anderen Elementen ergänzen. Das gegebene Wort muss jeweils fünfmal als Grundwort und fünfmal als Bestimmungswort vorkommen.

1.1   Arbeit ....
....

1.2   Haus ....
....

Übung 2

Schreiben Sie das Wort als Ganzes und setzen Sie dabei die nötigen Fugenelemente ein. Achten Sie auf die Rechtschreibung.

Kind + freundlich	Jahr + Zeit ....
Seite + verkehrt	Liebe + Kummer ....
Rettung + Versuch	Aktion + unfähig ....
Beruf + Schule	Vorschrift + gemäss ....
Ausbildung + Programm	Sicherheit + halber ....
Tag + Licht	Freiheit + liebend ....

Übung 3

Erfinden Sie selber sogenannte «Schlangenwörter» mit vier und mehr Bestandteilen. Achten Sie darauf, dass die Begriffe inhaltlich noch einen Sinn ergeben.

Übung 4

Setzen Sie ein Wort ein, das in Verbindung mit dem ersten Teil als Grundwort und in Verbindung mit dem zweiten Teil als Bestimmungswort dient. Ab und zu braucht es Fugenelemente.
Beispiel: Erholung/**s** – Oase/**n** – Landschaft

4.1	Fuss	.... Heizung	4.7	Hilfe	.... Auftrag
4.2	Papier	.... Meldung	4.8	Sucht	.... Station
4.3	Fenster	.... Tür	4.9	Auto	.... Lärm
4.4	Staat	.... Wahl	4.10	Sport	.... Beratung
4.5	Hand	.... Berechnung	4.11	Abfall	.... Gebühr
4.6	Wald	.... Erfahrung	4.12	Bildung	.... Volumen

Übung 5

«Auto» ist die Abkürzung für «Automobil», «Kilo» steht für «Kilogramm» und «Muki-Turnen» für «Mutter-Kind-Turnen». Daneben gibt es in unserer Alltagssprache viele sogenannte Buchstabenwörter wie «Pkw» für «Personenkraftwagen». Stellen Sie eine Liste von allgemein bekannten Abkürzungen und Buchstabenwörtern zusammen.

Wortbedeutung und Stilschichten

An einer Feier in Berlin: Der deutsche Gastgeber begrüsst einen amerikanischen Gast. Small Talk in Deutsch. Der Gastgeber lobt die guten Deutschkenntnisse des Amerikaners, der erst seit ein paar Monaten in Berlin lebt. Dieser freut sich, schränkt jedoch ein, dass er in der deutschen Sprache noch nicht sattelfest sei. So verstehe er zum Beispiel den kürzlich gehörten Ausdruck «Schwein haben» noch nicht ganz. Dies bedeute so viel wie «Glück haben», erklärt der Deutsche. Ein paar Minuten später: «Ah! Da kommt meine Frau. Haben Sie sie schon getroffen?», fragt der Gastgeber den Amerikaner. Dieser antwortet in fast akzentfreiem Deutsch: «Nein, dieses Schwein habe ich noch nicht gehabt.»

Wortbedeutung

Das Wort «Schwein» hat je nach Kontext verschiedene Bedeutungen. Wer dies nicht weiss oder nicht berücksichtigt, kann in peinliche Situationen geraten, wie der Witz in der Einleitung deutlich macht. Bei vielen Ausdrücken unterscheidet man folgende Bedeutungsebenen.

Bedeutungsebenen	Beispiel «Schauspieler»	Beispiel «Flasche»	Beispiel «schwimmen»
denotative Bedeutung (von lat. «deutlich kennzeichnen»)	Beruf (Theater, Film)	Behälter für Flüssigkeiten	sich im Wasser fortbewegen, Sport
konnotative Bedeutung (von lat. «mitmeinen»)	jemand, der sich verstellt, etwas vormacht	Person, die versagt, nichts kann	nicht wissen, wie es weitergeht, wie etwas gemacht wird

Die vier Stilschichten

Stilschicht	Merkmale	Beispiel «Vater»	Beispiel «essen»
Gehobene Sprache «Dichtersprache»	gehoben, feierlich, poetisch, pathetisch	Schöpfer, Erzeuger	dinieren, tafeln
Standardsprache «Schulsprache»	sachlich, genau, gepflegt	Vater	essen, sich ernähren
Umgangssprache «Privatsprache»	privat, emotional, locker	Papa, Papi, Paps, Daddy usw.	essen, fooden, mampfen, Kalorien tanken
Vulgärsprache «Gassensprache» (Slang)	derb, hart, aggressiv, verletzend	der Alte, der Familiendiktator	fressen, runterwürgen

Die Zuordnung zu den verschiedenen Stilebenen ist nicht immer eindeutig. Sie hängt ab vom persönlichen Sprachempfinden, vom gesellschaftlichen und sozialen Umfeld und auch vom Dialekt. So gilt der Mundartausdruck «Gring» im Berner Dialekt durchaus als gesellschaftlich anerkannte Ausdrucksweise für «Kopf» und das Wort «huere» oder «hüere» verwendet man in unserer Mundart häufig als Verstärkungswort. Beispiel: An der Party herrschte «ä u huere gueti Stimmig».

Amtssprache

Von den Stilschichten zu unterscheiden sind die unzähligen Fachsprachen (siehe auch Seite 24). Eine spezielle Fachsprache ist das Amts- oder Papierdeutsch. Diese Fachsprache ist sehr sachlich, wirkt aber steif, trocken und umständlich. So wird der Vater zum «erziehungsberechtigten männlichen Elternteil», das Kind zum «direkten Nachkommen des (Name Vater) und der (Name Mutter)».

Übung 1

«Warum haben Fische keine Haare?» – «Weil sie Schuppen haben.» – «Und warum haben sie Schuppen?» – «Weil sie nichts dagegen tun.» – «Und warum tun sie nichts dagegen?» – «Damit sie ihre Velos unterstellen können.»

Erfinden Sie selber einen Witz, der auf der Doppelbedeutung eines Wortes basiert.

Übung 2

Was ist bei folgenden Wörtern die denotative und was die konnotative Bedeutung?

Begriff	Hauptbedeutung (Denotation)	Nebenbedeutung (Konnotation)
Birne		
Kohle		
Kater		
Drache		
Bulle		
Theater		
abstauben		
angeben		
schmieren		
spicken		
spinnen		

Übung 3

Heben Sie diesen umgangssprachlichen Text auf die Ebene der Standardsprache.

Die lange Fahrt mit dem Velo [Fahrrad] gab einen Heidendurst [enormen Durst]. So bestellten wir in der Dorfbeiz [Gaststätte / Restaurant] zuerst eine Stange [Bier]. Doch wir hatten auch ein Loch im Magen [Hunger]. Leider gab es das Zmittagsmenü nicht mehr. Der Beizer [Wirt] konnte nur noch die Tagessuppe und dazu ein paar Mütschli [Brötchen] und Käse anbieten. Okay [Na gut], dachten wir, besser als nichts [immer noch etwas], und bestellten dreimal Suppe. Nach einer Stunde waren wir wieder fit und zwäg [munter]. Jetzt konnte es mit unserer Biketour [Fahrradtour] rund um den Zürisee weitergehen. Leider hatte Roland nach kurzer Zeit einen Platten [Luder]. Doch saublöd, keiner von uns hatte das Flickzeug [Reparaturset] eingepackt. Zum Glück hatte Roland das Halbtax dabei. Er reiste mit dem nächsten Zug nach Horgen, liess das Velo flicken [Fahrrad reparieren] und wartete auf uns. Nun ging es weiter [reisen wir weiter nach] Richtung Zürich.

Übung 4

Sammeln Sie zu einem bestimmten Begriff verschiedene Wörter mit ähnlicher Bedeutung; es können auch Mundartwörter sein. Ordnen Sie die Ausdrücke den Stilschichten zu.

Übung 5

Untersuchen Sie verschiedene Tageszeitungen und/oder Zeitschriften in Bezug auf Wortschatz und Stil. Beschreiben und vergleichen Sie anschliessend die Stilebenen.

Übung 6

6.1 Welche Stilformen verwenden Sie bei SMS-Texten und E-Mail-Nachrichten? Diskutieren Sie darüber.
6.2 Privater Briefverkehr und geschäftliche Korrespondenz: Beschreiben Sie die Unterschiede bezüglich Sprache und Stil.

Wortfamilie und Wortfeld

Wie bei den Menschen gibt es auch bei Wörtern verwandtschaftliche Beziehungen. So sprechen wir bei Wörtern, die den gleichen Wortstamm haben, von einer *Wortfamilie*. Wörter, die nicht vom Wortstamm, jedoch von der Bedeutung her miteinander verbunden sind, gehören zum gleichen *Wortfeld*.

Wortfamilie

Die «Verwandtschaft» von Wörtern innerhalb einer Wortfamilie bezieht sich einzig auf die gemeinsame Herkunft. Die Bedeutung der einzelnen Begriffe kann sehr verschieden sein. Dies zeigen folgende Beispiele:

Wortstamm **-les-**	verlesen, ablesen, auflesen, nachlesen … (Verben); lesbar, leserlich, lesenswert … (Adjektive); Lesung, Leserin, Vorleser… (Nomen)
Wortstamm **-hör-**	verhören, abhören, zuhören, anhören, aufhören … (Verben); hörbar, hörig … (Adjektive); Verhör, Gehör, Hörer, Hörbuch … (Nomen)

Manchmal kann sich der Wortstamm ändern: **seh**en → **sicht**bar; ver**geh**en → Ver**gang**enheit

Wortfeld

Ein Wortfeld besteht aus inhaltlich verwandten Wörtern und/oder Wendungen, deren Herkunft sehr unterschiedlich sein kann. So beziehen sich die drei Wörter «Unordnung», «Durcheinander» und «Chaos» auf den (fast) gleichen Sachverhalt. In einem Wortfeld können nur Wörter der gleichen Wortart vorkommen. Beispiele:

Wortfeld **frech**	unartig, vorlaut, ausfällig, dreist, unerzogen, flegelhaft, keck …
Wortfeld **nachdenken**	überlegen, hirnen, grübeln, studieren, sinnieren, reflektieren …

Synonyme

Wenn zwei Wörter die genau gleiche Bedeutung haben und somit austauschbar sind, spricht man von **strikter Synonymie** (Bedeutungsgleichheit). Beispiele:

Adresse = Anschrift　　　　　　　　　　Streichholz = Zündholz
Krankenhaus = Spital　　　　　　　　　Anfang = Beginn
Lehrlinge = Stifte = Auszubildende　　　Genitiv = Wesfall

Wenn zwei Wörter eine ähnliche Bedeutung haben, jedoch nicht in jedem Kontext austauschbar sind, spricht man von **partieller Synonymie** (Bedeutungsähnlichkeit). Beispiele:
gehen ≈ schlendern ≈ marschieren ≈ spazieren ≈ trotten ≈ wandern …
Konflikt ≈ Streit ≈ Auseinandersetzung ≈ Krach …
dick ≈ beleibt ≈ korpulent ≈ rundlich ≈ untersetzt ≈ vollschlank …

Antonyme

Begriffe derselben Wortart mit entgegengesetzter Bedeutung nennt man Antonyme (das Antonym, griech. = das Gegen(satz)wort). Beispiele:

Wahrheit ↔ Lüge　　　　　　　　　　vorwärts ↔ rückwärts
Verurteilung ↔ Freispruch　　　　　　immer ↔ nie

Übung 1

Erstellen Sie von folgenden vier Begriffen in Form von Mindmaps möglichst umfassende Wortfamilien. Es können verschiedene Wortarten vorkommen. Begriffe: denken/reden/feiern/kaufen

Übung 2

Welche Begriffe sind strikt oder partiell synonym? Unterstreichen Sie.

2.1 nachdenken – hirnen – ~~bedenken~~ – studieren

2.2 kritisieren – beanstanden – ~~verurteilen~~ – tadeln

2.3 leiten – führen – ~~übernehmen~~ – bestimmen

2.4 ängstlich – furchtsam – zurückhaltend – ~~nachdenklich~~

2.5 modisch – ~~up to date~~ – zeitgemäss – trendy

2.6 anspruchslos – ~~günstig~~ – einfach – bescheiden

2.7 Abmachung – Vereinbarung – ~~Bestätigung~~ – Übereinkunft

2.8 Vorortsgebiet – Stadtzentrum – ~~Paris~~ – Agglomeration

2.9 Monopol – Alleinherrschaft – Marktbeherrschung – Monokultur

2.10 Urteil – Meinung – Ansicht – Einstellung

Übung 3

Welche Adjektive passen als Antonyme? Vermeiden Sie Adjektive mit der Vorsilbe «un-».

3.1 ein scharfes Messer/ein _stumpfes_ Messer

3.2 ein hartes Urteil/ein _mildes_ Urteil

3.3 ein mutiges Verhalten/ein _feiges_ Verhalten

3.4 ein warmer Mantel/ein _kalter / dünner_ Mantel

3.5 ein steiler Anstieg/ein _leichter / flacher_ Anstieg

3.6 eine glatte Oberfläche/eine _raue_ Oberfläche

3.7 eine fadenscheinige Begründung/eine _triftige / stichhaltige_ Begründung

3.8 eine klare Antwort/eine _ausweichende / schwierige_ Antwort

3.9 helles Licht/ _schlecht gedimmtes / schwaches / dunkles_ Licht

3.10 frisches Wasser/ _verdorbenes / altes_ Wasser

Übung 4

Hier wurde manipuliert. Zehn Wörter passen nicht in diesen Wetterbericht.
Versuchen Sie, den Originaltext wiederherzustellen.

> Ein Hoch mit Kern auf Osteuropa sorgt heute in der Schweiz noch für recht sonniges Wetter. Im Tagesablauf lässt der Hochdruckdurchfluss aber langsam nach. Über dem Atlantik befindet sich eine Kaltfront, welche uns am Freitag erreichen wird. Diese fordert einen deutlich kühleren Wetterabschnitt ein.
> Der aktuelle Donnerstag beginnt im Mittelland recht sonnig. Kantonal kann es Nebelschwaden haben, die sich aber rasch entfernen. Bereits am Vormittag ziehen aus Westen hohe Wolkenfelder auf, die dann am Nachmittag vielfältiger werden und den Himmel leicht milchig erscheinen lassen. Der Wetterausdruck bleibt aber positiv. Die Temperaturen liegen am Nachmittag bei runden 22 Grad.

Oberbegriffe und Unterbegriffe

Je präziser der Wortschatz, desto besser die Kommunikation. Wenn wir in einem Werkzeuggeschäft einen Vierkantschlüssel verlangen, kommen wir schneller zum Ziel, als wenn wir einfach nach einem Schraubenschlüssel fragen. Eine Musikerin sieht das Instrument sofort vor ihren Augen, wenn sie das Wort «Bratsche» hört. Wer Tennis spielt, kann sich unter dem Begriff «Topspin» etwas vorstellen. Ein Botaniker weiss, was eine «Aufsitzerpflanze» ist. Wer dieses Lehrmittel gründlich durcharbeitet, kennt den Unterschied zwischen Adverb und Adjektiv. – Eine dienliche Ordnungsmöglichkeit für den Wortschatz ist die Aufteilung in Ober- und Unterbegriffe.

Oberbegriffe und Unterbegriffe

Die Oberbegriffe schliessen eine ganze Menge von Wörtern mit ein. Die Unterbegriffe bezeichnen das Gemeinte genauer. Beispiel:

Oberbegriff
Orchesterinstrumente

Unterbegriffe

Streichinstrumente	Holzblasinstrumente	Blechblasinstrumente	Schlaginstrumente
Geige	Querflöte	Trompete	Kesselpauke
Bratsche	Oboe	Horn	Trommel
Cello	Klarinette	Posaune	Becken
Kontrabass	Fagott	Tuba	Xylophon

Ein zweites Beispiel mit einer anderen Ordnungsmöglichkeit:

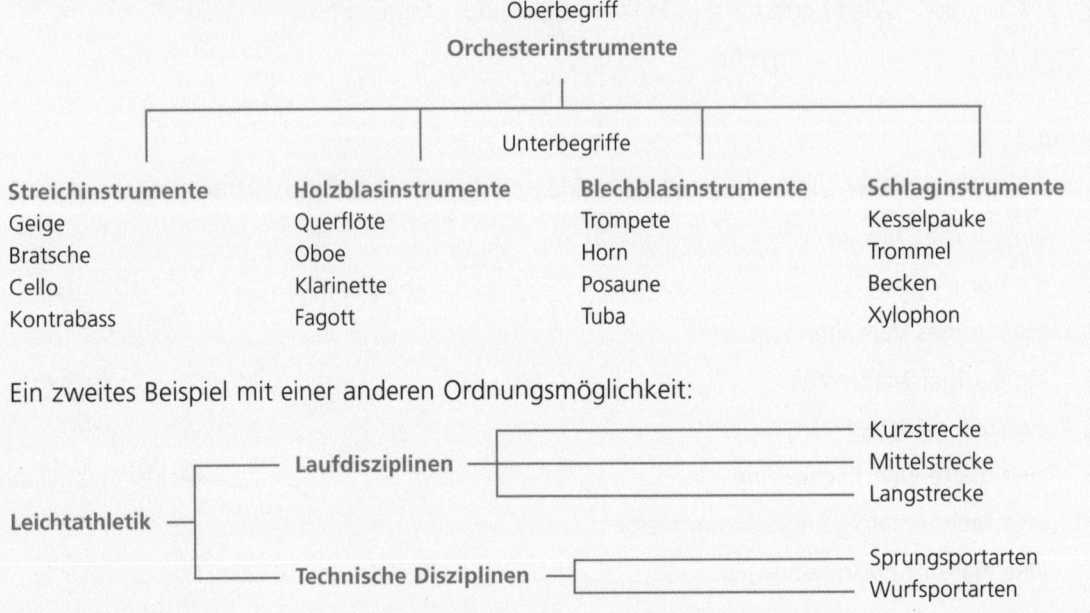

Leichtathletik
– Laufdisziplinen – Kurzstrecke, Mittelstrecke, Langstrecke
– Technische Disziplinen – Sprungsportarten, Wurfsportarten

Die Kategorien könnten noch weiter unterteilt werden, so beispielsweise die Sprungsportarten in Weitsprung, Hochsprung, Dreisprung, Stabhochsprung.

Das Dezimalklassifikationssystem

Eine sehr übersichtliche Ordnung ergibt sich mit dem Dezimalklassifikationssystem, das ursprünglich für Bibliotheken entwickelt wurde. Grundprinzip ist eine Zehnereinteilung (0–9). Zu jeder dieser zehn Hauptklassen gibt es jeweils bis zu zehn Abteilungen. Jede dieser Abteilungen hat wiederum bis zu zehn Sektionen usw.:

4 Naturwissenschaften 43 Physik 431 Experimentalphysik 432 Theoretische Physik

Eine Abwandlung von dieser Dezimalklassifikation findet man häufig in Inhaltsverzeichnissen von Büchern und grösseren Arbeiten. Hier ein Ausschnitt aus einem Geschichtsbuch:

1.	**Der Erste Weltkrieg**	2.	**Der Zweite Weltkrieg**
1.1	Militärischer Ablauf	2.1	Der Aufstieg Hitlers
1.2	Wirtschaftliche Folgen	2.2	Der Kriegsausbruch 1939
1.3	Soziale und politische Veränderungen	2.3	Angriff im Osten und Norden
1.3.1	Die Russische Revolution	2.3.1	Polens Untergang
1.3.2	Die Weimarer Republik	2.3.2	Überfall auf Dänemark und Norwegen

Übung 1

Wie heisst der Oberbegriff?

1.1 a / f / m / p / u / s / z
....

1.2 a / e / i / o / u
Konsonanten

1.3 m / p / f / g / v / w
....

1.4 ver-, be-, zer-, ent-
....

1.5 Kaffee, Tee, Wasser, Wein, Bier
Getränke

1.6 Stuhl, Bett, Schrank, Tisch
Möbel

1.7 Socken, Hosen, Jacke, Mantel, Rock
Kleidung

1.8 Diskuswerfen, Speerwerfen, Kugelstossen
Sport

1.9 Romanik, Gotik, Barock, Klassizismus
Literaturstil

1.10 Fresko, Öl, Aquarell, Pastell, Acryl
Farben (Bilder)

Übung 2

Nennen Sie mindestens vier Unterbegriffe.

2.1 Bäume
Weide, Birke, Eiche, Tanne

2.2 Gebäude
Wohnblock, Parkhaus, Gartenhaus, Pavillon

2.3 Medizinische Berufe
Zahnarzt, Chirurg, Tierarzt, Forscher

2.4 Schweizer Flüsse
Rhein, Aare, Limmat, Rhône

2.5 Menschliche Organe
Herz, Lunge, Haut, Leber

2.6 Insekten
Mücke, Fliege, Schmetterling, Bremen

2.7 Mannschaftssportarten
Fussball, Hockey, Volleyball, Curling

2.8 Geschichtliche Epochen
Steinzeit, Bronzezeit, Mittelalter, Neuzeit

2.9 Italienische Städte
Rom, Venedig, Neapel, Milano

2.10 Musikalische Stilrichtungen
Rock, Pop, Electronisch, Blues

Übung 3

Setzen Sie folgende Begriffe in die Tabelle ein: Literarische Texte, ~~Gesuch~~, ~~SMS~~, ~~Ballade~~, Epik, ~~Privattexte~~, Erzählung, ~~Komödie~~, Liebesbrief, Dramatik, ~~Protokoll~~, ~~Lied~~, ~~Fabel~~, Hörspiel, ~~Hymne~~, Roman, Glückwunschkarte, ~~Spielfilm~~, ~~Arbeitszeugnis~~. Wie heisst der Oberbegriff?

Oberbegriff = ...				
Privattexte			Sach- oder Gebrauchstexte	
Erzählung	*Spielfilm*	Lyrik	*Bücher*	Berufsbezogene Texte
Märchen	Tragödie	Gedicht	Tagebuch	Bewerbung
Fabel	*Dramatik*	*Liebesbrief*	*Duden*	*Antrag* / *Arbeitszeugnis*
Lied	*Komödie*	*SMS*	*Atlas*	*Lohnabrechnungen* / *Protokoll*
Hymne	*Ballade*	*Hörspiel*	*Roman*	*Kündigung* / *Gesuch*

Übung 4

Sammeln Sie so viele Begriffe wie möglich aus einem Bereich Ihrer beruflichen Tätigkeit oder Ihrer Freizeitbeschäftigungen. Gliedern Sie anschliessend die Wörter.
> zuerst grob nach Oberbegriff/Unterbegriff,
> danach etwas differenzierter mit dem Dezimalklassifikationssystem.

Fremdwörter und Fachwörter 1

Das Leben wird sowohl beruflich als auch privat immer internationaler und multikultureller. Dies wirkt sich auch auf die Sprache aus: Ständig tauchen neue Fremd- und Fachwörter auf. Einige davon sind in der deutschen Sprache bereits so stark «eingebürgert», dass wir sie gar nicht mehr als Fremdwörter empfinden. Meist sind es Begriffe, für die sich nur schwer ein deutscher Ausdruck finden lässt, wie Büro, Computer, Video, Marketing, Taxi, Autobus, Tennis, Bike, Alkohol, Klima, Fabrik, Theater, Bilanz, Konto, Kredit, Demokratie, Bibliothek u. a.

Gebrauch von Fremd- und Fachwörtern

Früher wurde in vielen Sprachbüchern empfohlen, wenn immer möglich auf Fremdwörter zu verzichten. Heute muss man die Empfehlung differenzierter formulieren. Fremd- und Fachwörter können durchaus verwendet werden,
> wenn sie treffend und allgemein verständlich sind (Tourismus, Hobby, Budget, Pullover ...),
> wenn sie nicht durch ein treffendes deutsches Wort ersetzbar sind (Computer, Management ...),
> wenn sie stilistisch zum Text passen (z.B. das Wort «trendy» in einer Modezeitschrift).

Dennoch: Es gibt eine ganze Reihe von Fremdwörtern, die bewusst oder unbewusst verwendet werden, obwohl gleichwertige deutsche Bezeichnungen vorhanden sind. Man spricht von einem «Drink» statt von einem «Getränk», von der «City» statt von der «Stadt», von einer «Topleistung» statt von einer «Spitzenleistung», von «News» statt von «Neuigkeiten», von «Comeback» statt von «Rückkehr», von «checken» statt von «verstehen», von «Game» statt von «Spiel» usw.

Verwechslungsgefahr

Bei der Verwendung von Fremdwörtern ist Vorsicht geboten: Werden sie falsch verwendet, kann es peinlich werden. Besonders wachsam muss man bei Fremdwörtern sein, die leicht zu verwechseln sind, wie zum Beispiel «ökumenisch» und «ökonomisch», «physisch» und «psychisch», «hysterisch» und «historisch» oder sogar «Orgasmus» und «Organismus».

Herkunft

Die meisten der heute gebräuchlichen Fremdwörter und Fachbegriffe stammen aus folgenden Sprachen:
aus dem Griechischen: Demokratie, Monarchie, Kilometer, Biologie, Mikrofon, Rhythmus, Thema, Hypothek, Katastrophe, Tyrann, Orthografie, Bibliothek u. a.
aus dem Lateinischen: Konzept, Medizin, Internat, Konferenz, Veto, Publikum, Korrektur, Export, Universität, Intervall, international, bilateral, legitim, radikal, diskret u. a.
aus dem Französischen: Allee, Billard, Bouillon, Cousin, Etage, Etikette, Frisur, Genie, Montage, Niveau, Parfum, Prestige, Sauce, Parterre, Restaurant, Trottoir, Vignette, Mannequin u. a.
aus dem Englischen: Comeback, Sandwich, Show, Check, Camping, Toast, Flop, Hit, CD-Player, Provider, Event, Team, Test, Job, Know-how, fit, fair, cool, okay u. a.

Fachwörter

Fachbegriffe erleichtern die Verständigung über Sachverhalte und Probleme. In jeder Berufsgattung hat sich eine Fachsprache mit einem spezifischen Wortschatz entwickelt. Denken wir nur an Berufsfelder wie Medizin, Technik, Mode, an das Justiz-, Banken- und Versicherungswesen oder an die Automobil- und Computerbranche. Man spricht in diesem Zusammenhang auch von einem Spezialistenjargon oder von einer Insidersprache. Auch um die Regeln und Phänomene der Sprache zu beschreiben, braucht es eine Fachsprache, nämlich die Begriffe der Grammatik (Präfix, Suffix, Nomen, Verb, Akkusativ, Genitiv, Syntax u. a.).

Übung 1

Untersuchen Sie Zeitschriften aus den Bereichen Mode, Musik, Sport, Computer, Jugend u. a. in Bezug auf den Anteil englischer Ausdrücke. Welche Aussagen können Sie machen?

Übung 2

Recherchieren Sie mit einem Wörterbuch oder im Internet die Herkunft folgender Wörter:

Autonomie *jeder für sich entscheidend*

Benefizkonzert *Konzert, dessen Einnahmen komplett an einen guten Zweck gehen*

Catwalk *Laufsteg in der Mode*

düpieren .....

eruieren .....

fertig .....

Globetrotter *Weltenbummler, Reisende*

inhuman *unmenschlich*

Laune *Stimmung, Befindung, Verfassung*

Mönch .....

Parole .....

röntgen .....

Übung 3

Welche Fremdwörter wurden hier sinngemäss übersetzt?

Abstand	freiwillig .....
Arglosigkeit	Geldentwertung .....
Befrager	Heftigkeit .....
berühmt	Lagerplatz .....
Dachgesellschaft	Leibeigenschaft .....
Dichtkunst	Mannschaft .....
eingreifen	Rangfolge .....
Empfindsamkeit	Schande .....

Übung 4

Ersetzen Sie die farbigen Fremdwörter durch passende deutsche Ausdrücke.

4.1 Mit dem Anschlag vom 11. September ist eine **Idylle** zerstört, die Welt in ihren **Fundamenten** erschüttert worden.

4.2 Der **diabolische** Akt gegen die Vereinigten Staaten markiert eine historische **Zäsur**, deren **Konsequenzen** noch nicht wirklich abzuschätzen sind.

4.3 Der **martialische** Terroranschlag auf das World Trade Center stellt einen **liberalen** Rechtsstaat vor **immense** Herausforderungen.

4.4 Wichtig ist nun die Frage der **Prävention**: Wie kann sich ein Staat vor solchen **Attacken** schützen, ohne das Leben der eigenen Bürger allzu stark zu **limitieren**?

4.5 Nach dem Anschlag kann man eine **kuriose** Entwicklung beobachten: Die internationalen Beziehungen sind enger und gleichzeitig **fragiler** geworden.

Denken Sie daran: Individuelle Wörterliste nachführen!

Fremdwörter und Fachwörter 2

Die meisten Fremdwörter stammen heutzutage aus dem angloamerikanischen Sprachraum. Werden ganze Ausdrücke wie «Take it easy» übernommen, spricht man von einem Anglizismus (Mehrzahl: Anglizismen). – Oft wird beklagt, dass die deutsche Sprache zu stark mit Ausdrücken aus dem Englischen und Amerikanischen durchsetzt sei. Man fordert daher Regelungen zum Gebrauch von Fremdwörtern. Wörter kennen jedoch keine nationalen Grenzen und es gab zwischen den verschiedenen Sprachen schon immer einen regen Austausch. So fanden beispielsweise auch deutsche Ausdrücke Eingang in den englischen Wortschatz: blitzkrieg, kindergarten, rucksack, kitsch, muesli, schnitzel, volkssport, zeitgeist u. a. Früher kam der «Sprachimport» ins Deutsche vor allem aus dem Griechischen und Lateinischen (später auch aus der italienischen und französischen Sprache).

Wichtige Fremdwort-Bestandteile

Abkürzungen: gr. = aus dem Griechischen; lat. = aus dem Lateinischen

-agoge	(gr.)	Führer: Pädagoge, Demagoge	intro-	(lat.)	hinein: introvertiert, introspektiv
an-	(gr.)	nicht: Analphabet, anorganisch	kontra-	(lat.)	gegen: Kontrapunkt, Kontrabass
anti-	(gr.)	gegen: Antipathie, antiautoritär	-logie	(gr.)	Lehre: Psychologie, Geologie
-archie	(gr.)	Herrschaft: Monarchie, Hierarchie	-meter	(gr.)	Mass: Kilometer, Chronometer
auto-	(gr.)	selbst: Automobil, Autobiografie	mikro-	(gr.)	klein: Mikrochip, Mikroskop
bi-	(lat.)	zweifach: bisexuell, bilateral	mono-	(gr.)	allein, ein: Monopol, monoton
bio-	(gr.)	Leben: Biologie, Biografie	neo-	(gr.)	neu: Neonazis, neoliberal
chrono-	(gr.)	Zeit: Chronometer, chronologisch	ortho-	(gr.)	richtig: Orthografie, orthodox
demo-	(gr.)	Volk: Demokratie, demografisch	philo-	(gr.)	Freund: Philosophie, frankophil
dia-	(gr.)	durch, hindurch: Diapositiv, Dialog	ph/fono-	(gr.)	Stimme/Ton: Telefon, Mikrofon
ex-	(lat.)	aus: Explosion, Examen	poly-	(gr.)	viel: Polygamie, polyvalent
extra-	(lat.)	ausserhalb: Extrablatt, extravagant	post-	(lat.)	nach: postoperativ, posthum
geo-	(gr.)	Erde: Geografie, geologisch	pro-	(gr./lat.)	vor/für: Programm, progressiv
-gramm	(gr.)	das Geschriebene: Autogramm	psycho-	(gr.)	Seele: Psychologie, psychosomatisch
-graph/f	(gr.)	Schreiber: Biograf, Grafologie	stereo-	(gr.)	fest/starr: Stereoskopie, stereotyp
hetero-	(gr.)	anders: heterosexuell, heterogen	super-	(lat.)	über: Superlativ, superschnell
homo-	(gr.)	gleich: homosexuell, homogen	-thek	(gr.)	Ablage: Bibliothek, Apotheke
hyper-	(gr.)	über: hyperaktiv, hypermodern	thermo-	(gr.)	warm: Thermometer, thermisch
ideo-	(gr.)	Idee, Ansicht: Ideologie, ideologisch	trans-	(lat.)	hinüber: Transport, transalpin
in-	(lat.)	nicht/un-: inaktiv, insolvent	vita-	(lat.)	Leben: Vitamin, vital
intra-	(lat.)	innerhalb: Intranet, intravenös			

Mehrzahlformen

Bei den meisten Fremdwörtern wird die Mehrzahlform gleich gebildet wie bei deutschen Wörtern: die Bibliothek/die Bibliotheken; der Superlativ/die Superlative; das Auto/die Autos. Bei einzelnen Wörtern wurde jedoch auch die ursprüngliche Pluralbildung ins Deutsche übernommen:

das Konto: die Konti, auch Konten
das Visum: die Visa, auch Visen
das Trauma: die Traumata, auch Traumen

das Intermezzo: die Intermezzi, auch Intermezzos
der Ballon: die Ballons, auch Ballone
die Pizza: die Pizze, die Pizzen, auch Pizzas

Achtung bei der Pluralbildung folgender Fremdwörter:

das Museum/die Museen
das Individuum/die Individuen
das Spektrum/die Spektren
das Korrigendum/die Korrigenda
der Zirkus/die Zirkusse

der Kaktus/die Kakteen
der Autobus/die Autobusse
das Baby/die Babys
der Zyklus/die Zyklen
der Radius/die Radien

Tipp: Im Zweifelsfalle ein gutes Wörterbuch konsultieren.

Übung 1

Hier wurden einige Fremdwörter verwechselt. Korrigieren Sie.

1.1 Das Mädchen wurde von einem Schweizer Ehepaar adaptiert. ....
1.2 Umweltschutz ist nicht nur, aber auch eine ethnische Frage. ....
1.3 Gestern kam es auf der Schnellstrasse zu einer heftigen Kollusion. ....
1.4 Manche Leute versinken zur Entspannung in tiefe Mediation. ....
1.5 Am Sonntag findet in der Stadtkirche ein ökonomischer Gottesdienst statt. ....
1.6 Bei der Stellenbewerbung muss man Reverenzen angeben. ....
1.7 Eine Kollegin hat mir für die Prüfung einen guten Typ gegeben. ....
1.8 Die Polizei hat den Unfallhergang chronisch rekonstruiert. ....
1.9 Der Schachspieler machte psychologisch und physisch einen starken Eindruck. ....
1.10 Viele Betriebe kämpfen gegenwärtig mit der Rezension. ....
1.11 Die Biologie des Präsidenten erschien vor zwei Wochen in Buchform. ....
1.12 Seine Antworten fallen oft etwas monogam und stereotyp aus. ....

Übung 2

Was bedeuten folgende Fremdwörter?

Amnestie	☐ Gedächtnisschwund	☐ Straferlass	☐ Würgegriff
Assoziation	☐ Filiale	☐ Gedankenverbindung	☐ Gruppendruck
Autonomie	☐ Eigenständigkeit	☐ Fahrzeugliste	☐ Eigenname
Homöopathie	☐ Geisterbeschwörung	☐ Naturheilkunde	☐ sexuelle Neigung
Hypothese	☐ Linie beim Dreieck	☐ Geldschulden	☐ Annahme
Intendant	☐ Rechthaber	☐ Theaterleiter	☐ Fertigprodukt
Ironie	☐ Wut	☐ feiner Spott	☐ Karikatur
Konfusion	☐ Verwirrung	☐ Religionsrichtung	☐ Impfung
Kontingent	☐ Erdteil	☐ Zurückhaltung	☐ zugeteilte Menge
Lappalie	☐ Kleinigkeit	☐ Dummheit	☐ Reinigungsmittel
Monotonie	☐ Einsamkeit	☐ Alleinherrschaft	☐ Eintönigkeit
Orakel	☐ Voraussage	☐ kleines Boot	☐ Greifarm
Pseudonym	☐ Deckname	☐ Lügner	☐ Lungenkrankheit
Transparenz	☐ grosses Plakat	☐ Durchfahrt	☐ Durchsichtigkeit
Vitalität	☐ Lebenseinstellung	☐ Lebenskraft	☐ Lebensdauer

Übung 3

Bilden Sie die Mehrzahlformen.

Rhythmus	Maximum	Atlas	Diskus
....	....	....	....
Album	Mineral	Villa	Charakter
....	....	....	....
Globus	Virus	Monitor	Doktor
....	....	....	....

Wortarten

Einteilung	**30**
Verb	
Formen und Funktionen	**32**
Arten	**34**
Modalverben	**36**
Die Stammformen	**38**
Die sechs Zeiten	**40**
Zeitenfolge	**42**
Indikativ und Imperativ	**44**
Konjunktiv I und II: Bildung	**46**
Konjunktiv I: Anwendung	**48**
Konjunktiv II: Anwendung	**50**
Aktiv/Passiv	**52**
Nomen	
Geschlecht	**54**
Einzahl/Mehrzahl	**56**
Fälle 1	**58**
Fälle 2	**60**
Adjektiv	
Funktion, Bildung, Deklination	**62**
Steigerung	**64**
Pronomen	
Übersicht	**66**
Gebrauch	**68**
Partikel	
Adverb	**70**
Konjunktion	**72**
Präposition	**74**

Einteilung

Die Wörter lassen sich in verschiedene Gruppen einteilen. Man unterscheidet fünf Hauptgruppen, die man Wortarten nennt. Wörter, die zu einer bestimmten Wortart gehören, weisen formale Gemeinsamkeiten auf. So haben Wörter wie «Berg», «Tanne» oder «Licht» ein festes Geschlecht (der, die, das) und werden grossgeschrieben; sie heissen in der Sprache der Grammatik «Nomen». Wörter wie «gut», «spannend» oder «vielseitig» können vor einem Nomen stehen und sind steigerbar; sie gehören zur Wortart der Adjektive. So kann jedes einzelne Wort einer bestimmten Wortart zugeordnet werden.

Einteilung der Wortarten

Die Einteilung in Wortarten erfolgt in erster Linie nach formalen Eigenheiten, so zum Beispiel nach dem Kriterium, ob ein Wort veränderbar («klein», «kleine», «kleiner») oder nicht veränderbar ist (sehr). Vor allem für die Gross- und Kleinschreibung, aber auch für die Zeichensetzung ist die Kenntnis der Wortarten von grossem Nutzen. Die unten stehende Darstellung zeigt in Form eines Sortierschemas, wie die fünf Hauptwortarten eingeteilt werden.

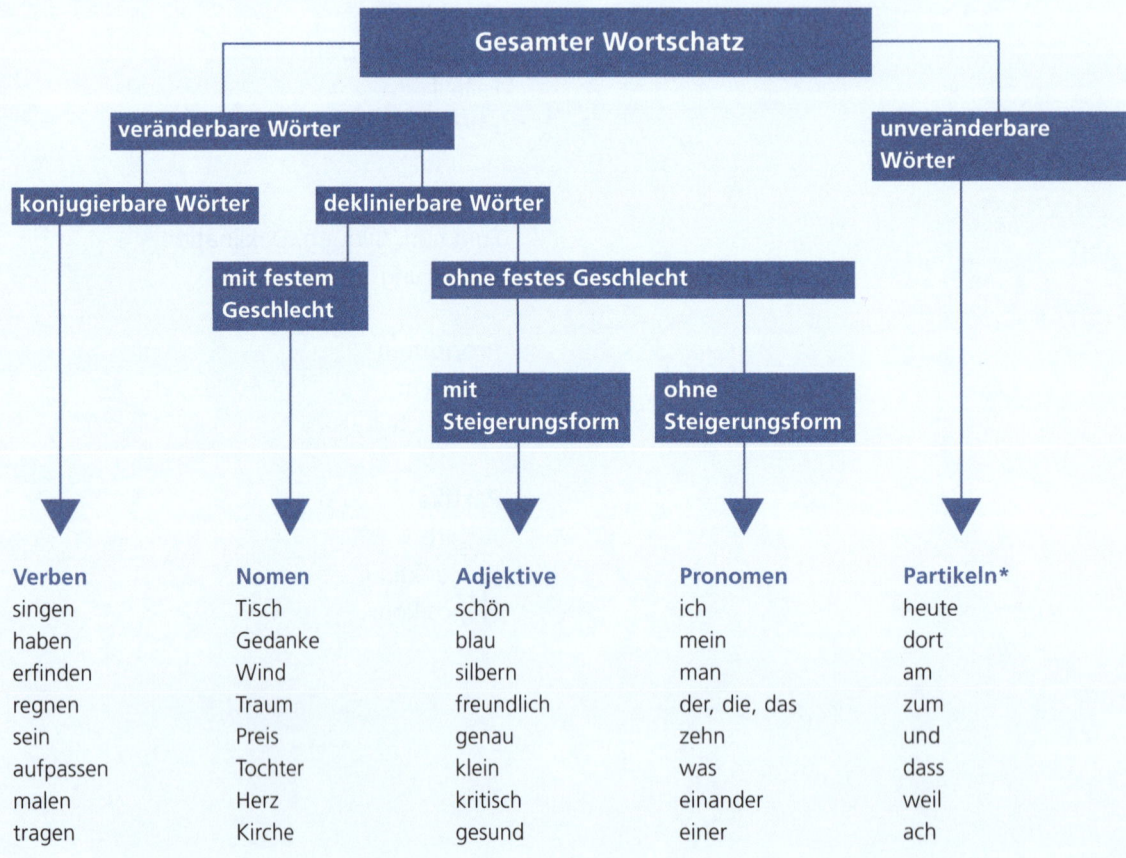

Verben	Nomen	Adjektive	Pronomen	Partikeln*
singen	Tisch	schön	ich	heute
haben	Gedanke	blau	mein	dort
erfinden	Wind	silbern	man	am
regnen	Traum	freundlich	der, die, das	zum
sein	Preis	genau	zehn	und
aufpassen	Tochter	klein	was	dass
malen	Herz	kritisch	einander	weil
tragen	Kirche	gesund	einer	ach

* Die Partikeln, auch «Restgruppe» genannt, werden untergliedert in die Wortarten Adverb, Präposition, Konjunktion und Interjektion. Mehr dazu auf den Seiten 70–75.

Übung 1

Tragen Sie die einzelnen Wörter in die richtigen Spalten ein.

DER BLICK AUF PFLANZEN WIRKT GEMÄSS NEUSTEN ERKENNTNISSEN AUS DER HIRNFORSCHUNG BERUHIGEND UND KONZENTRATIONSFÖRDERND AUF DEN MENSCHEN. GERADE IN DER DUNKLEN JAHRESZEIT IST ES EINE WOHLTAT FÜRS GEMÜT, SICH IN EINEN RAUM MIT VIEL GRÜN ZU SETZEN.

Verb	Nomen	Adjektiv	Pronomen	Partikel
.....	.....	.....	.....	.....
.....	.....	.....	.....	.....
.....	.....	.....	.....	.....
	.....	.....	.....	.....
	.....	.....	.....	.....
	.....		.....	.....
	.....		.....	.....
	.....			.....
	.....			.....
	.....			.....
				.....

Übung 2

Bestimmen Sie die Wortarten aufgrund der Einteilung auf Seite 30.

Sukkulenten	.....	Klima	.....
trifft	.....	an.	.....
man	.....	Deshalb	.....
in	.....	sind	.....
Madagaskar	.....	sie	.....
in	.....	als	.....
Trockenwäldern	.....	Zimmerpflanzen	.....
mit	.....	besonders	.....
heissem	.....	geeignet.	.....

Übung 3

Setzen Sie, gemäss den Angaben am rechten Rand, passende Wörter ein.

Ein paar Minuten Schlaf zu Mittag steigern .... nur die	Partikel
Leistungsfähigkeit. Einer .... mit 23 500 Testpersonen	Nomen
.... senkt der Mittagsschlaf auch das Herzinfarktrisiko um	Partikel
37 Prozent. .... und eigentlich dem Menschen	Adjektiv
ein ...., sollte der Mittagsschlaf aber nicht .... als	Nomen, Adjektiv
30 Minuten ...., ... man nach	Verb, Partikel
etwa .... Zeit in tiefere Schlafphasen fällt –	Pronomen
.... wiederum Konzentrationsstörungen in der	Pronomen
zweiten Tageshälfte .... sich ziehen	Partikel, Verb

Formen und Funktionen

Das Verb ist die formenreichste Wortart. Es beschreibt Vorgänge, Handlungen und Abläufe. Mit der Wahl des treffenden Verbs können wir eine Handlung sehr präzise wiedergeben. So kann man beispielsweise die verschiedenen Formen des Gehens genau beschreiben: spazieren, laufen, bummeln, rennen, schlendern, hüpfen, schlurfen, eilen, hasten, sprinten, hinken, humpeln, trippeln, schreiten, stolzieren, taumeln …

Vielfältige Formen

Das Verb ist eine sehr komplexe und anspruchsvolle Wortart. Natürlich könnte man nur mit Grundformen kommunizieren: «Wo können ich Kaffee bekommen?» – «Gestern wir besuchen Freunde.» Doch die Kenntnis der verschiedenen Formen ist ein Merkmal für hohe Sprachkompetenz und gute Kommunikation.

Viele Formen kennen wir vom Sprachgefühl her, bei anderen wiederum muss man die Formen und deren Anwendung zuerst bewusst lernen und dann immer wieder üben, ähnlich wie beim Erlernen einer Fremdsprache.

Die drei Gebrauchsarten

	Aufgabe	Beispiele
Vollverb	Es beschreibt Handlungen, Geschehnisse.	blühen, diskutieren
Modalverb	Es modifiziert eine Aussage.	können, müssen
Hilfsverb	Es hilft, Verben in bestimmte Formen zu setzen.	haben, sein, werden

Formale Funktionen des Verbs

> Es teilt mit der Konjugation jeder handelnden Person eine eigene Verbform zu (ich breche/du brichst).
> Es zeigt den Zeitpunkt eines Vorgangs (bricht/brach/wird brechen).
> Es bezeichnet Tatsache oder Möglichkeit (bricht/bräche).
> Es drückt aktive Handlung und passive Behandlung aus (bricht/wird gebrochen).

Andere Funktionen

Verben können auch Bedeutungselemente des Nomens oder Adjektivs übernehmen:
Adjektiv → Verb: stark werden → erstarken, eng machen → einengen
Nomen → Verb: eine Komposition schaffen → komponieren, mit Gewürz versehen → würzen

Stilistisch ist es oft besser, Verben statt Nomen zu verwenden, um den sogenannten Nominalstil zu vermeiden. Beispiel: Es wurde eine Diskussion abgehalten über einen möglichen Einsatz von Schneekanonen. **Besser:** Es wurde diskutiert, ob Schneekanonen eingesetzt werden könnten.

Übung 1

Testen Sie Ihre Kenntnisse.

Wie lauten die grammatischen Fachbegriffe?

1.1 Vergangenheit ....
1.2 Wirklichkeitsform ....
1.3 rückbezügliche Verben ....
1.4 Grundform ....
1.5 Zukunft ....

Umgekehrt: Wie sagt man auf Deutsch?

1.6 Imperativ ....
1.7 Perfekt ....
1.8 transitive Verben ....
1.9 Konjunktiv ....
1.10 Plusquamperfekt ....

Übung 2

Kreuzen Sie an.

2.1 **geschrieben** ist ein
 ☐ Konjunktiv ☐ Partizip ☐ Komparativ ☐ Perfekt

2.2 **wir hatten vorbereitet** steht im
 ☐ Perfekt ☐ Präteritum ☐ Passiv ☐ Plusquamperfekt

2.3 **Du hast doch versprochen, du**
 ☐ kommst … ☐ kommest … ☐ kamst … ☐ kämest …
 noch bei mir vorbei.

2.4 Welches ist eine **Passivform**?
 ☐ es wird behauptet ☐ es wurde dunkel ☐ sie werden warten ☐ ich wurde böse

2.5 **singen – sang – gesungen** nennt man beim Verb die
 ☐ Partizipialformen ☐ Grundformen ☐ Stammformen ☐ Konjugationsformen

2.6 Für das Verb **winken** heissen die Formen
 winken – .... – ....

2.7 Welches sind starke Verben?
 ☐ brechen ☐ fliegen ☐ sitzen ☐ zeichnen ☐ schneiden ☐ rufen

2.8 **sie sangen** lautet im Konjunktiv: ....

2.9 Sie rief die Feuerwehr, weil im Keller ein Brand (ausbrechen) ....

2.10 Die Polizei sperrte die Strasse. Wie lautet der Satz im Passiv?
 ....

Übung 3

Wie lautet das Verb aus derselben Wortfamilie? Beispiel: einen Traum haben: träumen

3.1 in Urlaub schicken: .... 3.6 kurz machen: ....
3.2 eine Geburt machen: .... 3.7 schwer machen: ....
3.3 Heiterkeit bewirken: .... 3.8 feucht machen: ....
3.4 einen Antrag machen: .... 3.9 trocken machen: ....
3.5 eine Vorschrift machen: .... 3.10 normal werden: ....

Arten

Grundsätzlich unterscheidet man beim Verb drei Typen: *Vollverben*, *Modalverben* und *Hilfsverben*. Die Vollverben wiederum lassen sich in verschiedene Kategorien unterteilen, weil sie sich in der Anwendung unterschiedlich verhalten.

Unterteilung der Vollverben

Vollverben lassen sich in folgende Kategorien unterteilen:

Absolute Verben	Sie können kein Objekt haben.
	Die Rosen **blühen**. Alle **lachen**.
Transitive Verben	Mit Akkusativobjekt. (Wen oder was?)
	Wir **treffen** unsere Freunde. Sie **pflückt** die Rosen.
Intransitive Verben	Mit Objekt im Dativ oder Genitiv. (Wem/Wessen?)
	Ich **helfe** dem Kollegen. Sie **gedachten** des Verstorbenen.
Reflexive Verben	Das Objekt ist identisch mit dem Subjekt.
	Wir **freuen** uns. Er **ärgert** sich.
Unpersönliche Verben	Sie werden nur mit «es» gebraucht.
	Es **regnet**. Es **graut** mir.

Modalverben

Sie modifizieren die Bedeutung des Vollverbs.
Wir **können** nicht länger warten. Sie **darf** nicht mitkommen. Ich **muss** um 6 Uhr aufstehen.
Modalverben stehen manchmal auch allein: **Kannst** du den Handstand?
(Mehr zu den Modalverben auf der Seite 36.)

Hilfsverben

Sie helfen, das Verb in die gewünschte Form zu setzen:
Das **werden** wir ja sehen. Ich **bin** erschrocken. Du **hast** lange geschwiegen.

Es gibt drei Hilfsverben:

haben	Ich habe/hatte gesehen.	Perfekt/Plusquamperfekt
sein	Sie ist/war gegangen.	Perfekt/Plusquamperfekt
werden	Sie werden helfen/geholfen haben.	Futur
	Sie werden betreut/wurden betreut.	Passiv

Futur II benötigt zwei Hilfsverben: Sie **werden** es vergessen **haben**.
Futur Passiv benötigt zweimal das Hilfsverb **werden**: Sie **werden** abgeholt **werden**.

In einem Satz wie «Es wird dunkel» ist **werden** weder Futur noch Passiv.

Reflexive Verben

- Es gibt rein reflexive Verben, zum Beispiel **sich irren**, **sich schämen**.
  Man kann nicht sagen: Ich habe dich geirrt. Oder: Wir haben euch geschämt.
- Andere reflexive Verben können jedoch reflexiv oder transitiv gebraucht werden:
  Beispiel: **sich ärgern**: Ich ärgere mich./Ich ärgere dich.

Übung 1

Teilen Sie jeder Verbkategorie eines der folgenden Verben zu:
mögen, auskennen, betreuen, grünen, vertrauen, werden, fliessen

absolut:	....	transitiv:	....
intransitiv:	....	reflexiv:	....
unpersönlich:	....	Modalverb:	....
Hilfsverb:	....		

Übung 2

In welche Verbkategorie gehört das farbige Verb?

2.1 Sie **drohten** ihm mit der Kündigung. ....

2.2 Der Hund **bellte** wie verrückt. ....

2.3 Bitte **schreiben** Sie den Bericht bis morgen Abend fertig. ....

2.4 Es **gehört sich** nicht, auf den Boden zu **spucken**. ..../....................

2.5 Wir **haben** diesen Fehler leider **übersehen**. ....

Übung 3

Welche Verben sind rein reflexive Verben? Unterstreichen Sie.

verschlafen, ärgern, irren, freuen, fragen, zwingen, vornehmen, leisten, ausruhen, täuschen, überlegen, zweifeln

Ein Verb ist überhaupt nicht reflexiv: ....

Übung 4

Schreiben Sie mit den Verben je einen Satz mit reflexiver und transitiver Anwendung.
Beispiel: machen → Ich habe mir ein Sandwich gemacht.
            machen → Ich habe das Bett gemacht.

waschen: ....

waschen: ....

unterhalten: ....

unterhalten: ....

Übung 5

Bezeichnet das Hilfsverb **werden** hier ein Futur (F) oder ein Passiv (P)?

5.1 Sie werden alles organisieren. ....

5.2 Wo wirst du eingesetzt werden? ....

5.3 Ihre Einwände werden nicht akzeptiert. ....

5.4 Ohne Hilfe wird er das nicht schaffen. ....

5.5 Das Problem sollte rasch behoben werden. ....

5.6 Die Lage wird kritisch. ....

Modalverben

Modalverben werden in der Regel einem Vollverb beigesellt. Die Aussage des Vollverbs bleibt zwar bestehen, wird aber durch das Modalverb und dessen Bedeutung modifiziert. Dabei kann ein Modalverb verschiedene Bedeutungen haben.

Sechs Formen

Im Deutschen gibt es sechs Modalverben: **können, müssen, dürfen, wollen, sollen, mögen**
Nicht jede Sprache kennt die gleichen Modalverben. Im Englischen gilt z. B. **to want (wollen)** als Vollverb.

Modalverben verleihen einer Aussage eine spezielle Bedeutung, was folgendes Beispiel zeigt:

	kann		Ich bin imstande dazu.
	muss		Ich bin verpflichtet dazu.
Heute	**darf**	ich arbeiten.	Es ist mir erlaubt.
	will		Ich habe den Wunsch.
	soll		Ich bin dazu aufgefordert.
	mag		Ich fühle mich fit genug.

Gleiches Verb, unterschiedliche Bedeutungen

Ein Modalverb kann mehrere Bedeutungen haben:
Ich kann nicht Ski fahren.
Habe ich es nie gelernt oder hat es mir der Arzt verboten?
Sie soll in der Personalabteilung arbeiten.
Ist das ein Auftrag an sie oder ist es ein Gerücht?

Kann das Modalverb allein stehen?

Grundsätzlich gilt es stilistisch als besser, wenn man Modalverben nicht allein stehen lässt, sondern mit einem Vollverb kombiniert.
Sie muss noch in die Stadt. → Sie muss noch in die Stadt **fahren**.
Wenn ich 18 bin, darf ich in jede Bar. → …, darf ich jede Bar **besuchen**.

Allerdings kann ein Modalverb auch das einzige Verb im Satz sein:
Ich **mag** keine Gruselfilme. Sie **kann** den Doppelsalto.

Modalverben im Perfekt

Wenn man Modalverben ins Perfekt setzt, wird man mit folgendem Problem konfrontiert:
Steht das Modalverb allein, steht die Form im Partizip Perfekt:
> Ich kann die Aufgabe nicht. → Ich habe die Aufgabe nicht **gekonnt**.

Kommt jedoch auch ein Vollverb vor, stehen beide im Infinitiv:
> Ich kann die Aufgabe nicht lösen. → Ich habe die Aufgabe nicht **lösen können**.

Auch bei **sehen** und **hören** ist in Verbindung mit einem anderen Verb die Perfektform mit zwei Infinitiven korrekt: Ich habe ihn ins Auto **steigen sehen** (nicht: gesehen). Wir haben euch nicht kommen hören (nicht: gehört).

Übung 1

Setzen Sie Modalverben ein, um die in Klammern angegebene Bedeutung zu erhalten. Benützen Sie jedes Modalverb nur einmal.

1.1 Sie .... schwimmen. (Fähigkeit)
1.2 Wir .... uns beeilen. (Pflicht)
1.3 Ich .... um acht Uhr dort sein. (Absicht)
1.4 Das .... schwierig werden. (Vermutung)
1.5 Er .... jetzt einen Kaffee trinken. (Wunsch)
1.6 Du .... rasch zum Chef gehen. (Auftrag)

Übung 2

Modalverben haben nicht nur eine Bedeutung. Geben Sie in den Beispielen an, was die Modalverben ausdrücken. Beispiel: **Kannst** du gut zeichnen? **(Fähigkeit)**

2.1 Ich **kann** das Gejammer nicht mehr hören. ....
2.2 Du **kannst** noch Kaffee nehmen, wenn du willst. ....
2.3 Das **kann** Probleme geben. ....
2.4 Ich **muss** dieses Dossier heute noch bearbeiten. ....
2.5 Ein Flugzeug zu fliegen, **muss** schwierig sein. ....
2.6 Eigentlich **dürfte** man hier nicht anhalten. ....
2.7 Es **dürfte** schwierig sein, ihn zu überzeugen. ....
2.8 Ich **mag** den Koffer nicht mehr länger tragen. ....
2.9 Was **mag** in diesem Päckchen sein? ....
2.10 Ich **will** mein Geld zurück. ....
2.11 Sie **wollen** keine Ahnung davon haben. ....
2.12 Das Personal **soll** freundlich zur Kundschaft sein. ....
2.13 Die Schauspielerin **soll** heimlich geheiratet haben. ....
2.14 So **sollte** es eigentlich stimmen. ....

Übung 3

Setzen Sie folgende Sätze ins Perfekt.

3.1 Ich mag ihren Hund nicht. ....
3.2 Er darf das Auto nicht benützen. ....
3.3 Willst du das wirklich? ....
3.4 Ich kann das nicht verstehen. ....
3.5 Er will sie anrufen. ....

Übung 4

Wo kann das Modalverb allein stehen bleiben? Wo wäre es besser, ein zusätzliches Vollverb zu setzen?
4.1 Die Kinder wollen ein Stück Kuchen zum Dessert.
4.2 Mama, darf ich einen Apfel?
4.3 Warum kannst du nicht ans Fest?
4.4 Ihr wisst, was ich gesagt habe: Ihr sollt nicht aufs Dach!
4.5 Kann ich noch zum Kiosk, bevor der Zug fährt?

Die Stammformen

Beim Konjugieren von Verben muss man viele verschiedene Formen kennen und korrekt anwenden, so zum Beispiel beim Gebrauch der Zeiten. Dabei hilft die Kenntnis der Stammformen. Von diesen lassen sich die Konjugationsformen ableiten. Nicht nur in der eigenen Sprache, auch beim Erlernen von Fremdsprachen ist die Kenntnis der Stammformen wichtig (z. B. im Englischen: to take – took – taken).

Die drei Stammformen

Stammform	Beispiel	Anwendung
Infinitiv	finden	Grundform / Präsens / Konjunktiv I
Präteritum	fand	Präteritum / Konjunktiv II
Partizip Perfekt	gefunden	Perfekt / Plusquamperfekt / Passiv

Starke, schwache und gemischte Verben

Schwache Verben (regelmässig)	Sie ändern ihre Grundstruktur nicht, sondern hängen bei den Stammformen nur **-te** resp. **-t** an: spielen – spiel**te** – gespiel**t**, lachen – lach**te** – gelach**t**
Starke Verben (unregelmässig)	Sie sind so stark, dass sie ihren Stammvokal zu ändern vermögen. Das Partizip endet auf **-en**. Die Stammformen sehen dabei manchmal ganz unterschiedlich aus: f**a**hren – f**u**hr – gef**a**hr**en**, fl**ie**gen – fl**o**g – gefl**og**en
Gemischte Verben	Sie haben Merkmale aus beiden Kategorien: Sie ändern den Stammvokal wie die starken Verben, haben aber Endungen wie die schwachen Verben. r**e**nnen – r**a**nn**te** – ger**a**nn**t**, wissen – w**u**ss**te** – gew**u**ss**t**

Hinweise

Als wichtige Faustregel gilt: Ist das Präteritum schwach, ist es auch das Partizip. Heisst es **geschimpft** oder **geschumpfen**? Präteritum ist **schimpfte** – also heisst es: **schimpfen – schimpfte – geschimpft**

> Verben, die sich reimen, haben nicht immer dieselben Stammformen:
> **trinken – trank – getrunken** **winken – winkte – gewinkt**
> **vermeiden – vermied – vermieden** **beneiden – beneidete – beneidet**

> Es gibt Verben, die Formen aus zwei Kategorien haben. Sie haben jeweils unterschiedliche Bedeutungen:
> **speisen – spies – gespiesen** (hineingeben) / **speisen – speiste – gespeist** (essen)
> **senden – sendete – gesendet** (Radio, TV, elektronisch) / **senden – sandte – gesandt** (Brief, Paket, Abgesandte)
> Daneben haben einige Verben starke und schwache Formen, ohne dass sie bedeutungsverwandt sind:
> **wachsen – wachste – gewachst / wachsen – wuchs – gewachsen**

> Das Partizip Perfekt kann wie ein Adjektiv verwendet werden:
> – bei transitiven Verben (Passiv möglich): Die Ware wurde abgeholt. → die **abgeholte** Ware
> – bei vielen mit **sein** konjugierten Verben: Der Dieb ist entwischt. → der **entwischte** Dieb
> Dies ist aber nicht möglich:
> – bei Verben, die mit **haben** konjugiert sind: Die Blumen haben schön geblüht. → die schön **geblühten** Blumen
> – bei reflexiven Verben: ein sich **gebildetes** Loch; die **sich verirrten** Wanderer

Übung 1

Bestimmen Sie: starkes (st), schwaches (sw) oder gemischtes (gm) Verb?

stimmen (............), rufen (............), hören (............), schalten (............), melden (............), brennen (............), setzen (............), verbeugen (............), bringen (............), fliessen (............), laden (............), riechen (............)

Übung 2

Wie lauten die Stammformen?

schwingen ....

bieten ....

legen ....

stossen ....

empfehlen ....

versenken ....

schimpfen ....

gleiten ....

halten ....

schieben ....

schreien ....

Übung 3

Finden Sie ein Verb, das sich reimt, aber zur jeweils anderen Kategorie gehört. Beispiel:

	sinken	**sank**	**gesunken**	**(stark)**
	hinken	**hinkte**	**gehinkt**	**(schwach)**
3.1	schweben	....	....	....
	....	....	....	....
3.2	tragen	....	....	....
	....	....	....	....
3.3	schlafen	....	....	....
	....	....	....	....
3.4	fassen	....	....	....
	....	....	....	....
3.5	sitzen	....	....	....
	....	....	....	....

Übung 4

Starke oder schwache Form? Setzen Sie Präteritum oder Partizip ein. Machen Sie anschliessend je ein weiteres Beispiel mit der jeweils anderen Form.

4.1 **erschrecken:** Ich .... meine Kollegin.

4.2 **senden:** Gestern .... das Fernsehen einen Film über Eisbären.

4.3 **schleifen:** Sie .... den schweren Sack hinter sich her.

4.4 **schaffen:** Welcher Künstler hat dieses Bild ....?

4.5 **bewegen:** Sein schlechtes Gewissen .... ihn zum Geständnis.

4.6 **speisen:** In diesem Restaurant haben wir gut ....

Die sechs Zeiten

Das Verb kann in sechs grammatische Zeiten gesetzt werden. Bei zwei Zeitformen handelt es sich um einfache Verbformen, nämlich beim Präsens und beim Präteritum. Die anderen werden mit Hilfsverben gebildet und sind daher zusammengesetzte Formen.

Grundzeiten/Vorzeiten

Man unterscheidet zwischen den Grund- oder «Haupt»-Zeiten und den jeweiligen «Vor»-Zeiten (**Vor**vergangenheit, **Vor**gegenwart, **Vor**zukunft).

Grundzeiten	Präsens	Gegenwart
	Präteritum	Vergangenheit
	Futur I	Zukunft
Vorzeiten	Perfekt	Vorgegenwart
	Plusquamperfekt	Vorvergangenheit
	Futur II	Vorzukunft

Bildung der Formen

Von diesen sechs Zeiten sind Präsens (ich gehe/ich spiele) und Präteritum (ich ging/ich spielte) Ein-Wort-Formen. Die anderen Zeiten werden wie folgt mit Hilfsverben gebildet:

Zeit	**Form**	**Bildung**
Perfekt	ich habe gespielt ich bin gegangen	mit **haben**/**sein** im Präsens + Partizip Perfekt
Plusquamperfekt	ich hatte gespielt ich war gegangen	mit **haben**/**sein** im Präteritum + Partizip Perfekt
Futur I	ich werde spielen/gehen	**werden** im Präsens + Infinitiv
Futur II	ich werde gespielt haben ich werde gegangen sein	**werden** im Präsens + Partizip Perfekt + **haben**/**sein**

Die sechs Zeiten im Indikativ

Präsens	ich spiele	ich gehe
Präteritum	ich spielte	ich ging
Futur I	ich werde spielen	ich werde gehen
Perfekt	ich habe gespielt	ich bin gegangen
Plusquamperfekt	ich hatte gespielt	ich war gegangen
Futur II	ich werde gespielt haben	ich werde gegangen sein

Übung 1

Bestimmen Sie die Zeitform.

1.1 Sie froren schrecklich. ....
1.2 Er wird den Termin vergessen haben. ....
1.3 Du trittst ins Haus ein. ....
1.4 Ihr wart schnell gerannt. ....
1.5 Der Vater schalt uns. ....
1.6 Wirst du mitfahren dürfen? ....
1.7 Sie hatten die Hilfe abgelehnt. ....
1.8 Es wird dunkel. ....
1.9 Seid ihr spazieren gegangen? ....
1.10 Die Briefe werden verschickt worden sein. ....
1.11 Das hat mich geärgert. ....
1.12 Das wird schwierig werden. ....

Übung 2

Setzen Sie in die verlangten Zeitformen.

2.1 Präteritum «blasen»: Der Wind ....
2.2 Futur I «eintreffen»: Wir ....
2.3 Präteritum «pfeifen»: Er .... ein Lied.
2.4 Perfekt «scheinen»: Die Sonne ....
2.5 Plusquamperfekt «ausgleiten»: Sie ....
2.6 Präsens «empfehlen»: Der Arzt .... Ruhe.
2.7 Perfekt «winken»: Die Kollegen ....
2.8 Präsens «erhalten»: Du .... einen Gutschein.
2.9 Präteritum «bieten»: Sie .... 100 Franken.
2.10 Perfekt «bitten»: Worum (er euch) ....?
2.11 Plusquamperfekt «verschwinden»: Er ....
2.12 Präteritum «sich biegen»: Die Bäume ....
2.13 Perfekt «schreien»: Ein Tier ....
2.14 Futur II «abreisen»: Er ....

Übung 3

Setzen Sie die Verbformen in alle sechs Zeitformen.
Kontrollieren Sie Ihre Lösung am Schluss mithilfe der Ausführungen auf Seite 40.

	du (erhalten)	wir (rennen)	ihr (kaufen)	er (gesehen werden)
Präsens				
Perfekt				
Präteritum				
Plusquamperfekt				
Futur I				
Futur II				

Zeitenfolge

An den Zeitformen ist erkennbar, ob ein Geschehen vergangen ist, gerade vor sich geht oder erst noch geschehen wird. Die Zeitformen des Verbs stehen also in einem zeitlogischen Zusammenhang. Darauf ist bei der Anwendung zu achten.

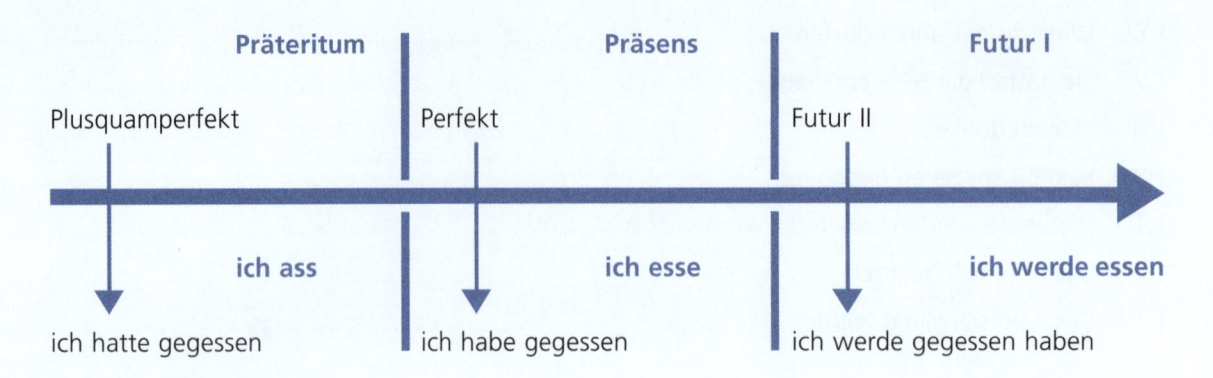

```
              Präteritum         Präsens              Futur I
Plusquamperfekt    Perfekt                Futur II
─────────────────────────────────────────────────────────────▶
                   ich ass              ich esse         ich werde essen
ich hatte gegessen   ich habe gegessen   ich werde gegessen haben
```

Basiszeit und Vorzeitigkeit

Im Sprachgebrauch sind das Präsens oder das Präteritum (selten das Futur) die «Basiszeiten», auf denen man eine Äusserung aufbaut. Wenn etwas beschrieben wird, was sich vor der Basiszeit ereignet hat, wählt man bei Basiszeit Präsens das Perfekt, bei Basiszeit Präteritum das Plusquamperfekt. Beim Erzählen ist die Basiszeit in der Regel das Präteritum.

Basiszeit Präsens:	Er **ärgert** sich, (Präsens)
	weil er seinen Regenschirm **vergessen hat**. (vorher → Perfekt)
Basiszeit Präteritum:	Wir **machten** uns auf den Weg, (Präteritum)
	nachdem wir uns **gestärkt hatten**. (vorher → Plusquamperfekt)

Anwendung der Zeiten

Präsens	Gegenwärtiges	Die Sonne scheint.
	Allgemeingültiges	Die Sonne geht im Osten auf.
	Zukünftiges	Morgen fahren wir in die Ferien.
	dramatische Erzählformen (z. B. Witz)	Da kommt einer und schnauzt mich an.
Präteritum	Erzähltes	Er setzte sich hin und begann zu schreiben.
Futur I	Zukünftiges	Ich werde dich morgen anrufen.
	Vermutung	Sie wird noch schlafen.
Perfekt	Soeben Abgeschlossenes	Ich habe einen Brief geschrieben.
	Tatsachen der Vergangenheit	Kolumbus hat Amerika entdeckt.
	Vorzukunft	Wenn ich gegessen habe, gehe ich zu Bett.
Plusquamperfekt	Vorzeitiges zum Präteritum	Nachdem er gegessen hatte, ging er zu Bett.
Futur II	Vermutungen über Vergangenes	Er wird sich verschlafen haben.

Übung 1

Setzen Sie die Verbform in die verlangte Zeit.
Beispiel: Sie wird telefonieren. → Präteritum: Sie telefonierte.

1.1 Sie sind gekommen. → Plusquamperfekt: ....
1.2 Wir werden gut speisen. → Futur II: ....
1.3 Ich beneide. → Perfekt: ....
1.4 Er wurde eingeladen. → Perfekt: ....
1.5 Du wirst abgeholt. → Futur I: ....
1.6 Die Sonne scheint. → Präteritum: ....
1.7 Du wirst empfohlen haben. → Präsens: ....

Übung 2

Setzen Sie die Verben in die richtige Form.

2.1 Gestern (merken) .... wir, dass wir (vergessen) ...., die Bestellung abzuschicken.

2.2 Nachdem ich mich (überzeugen) ...., dass alles beisammen (sein) ...., (beginnen) .... ich, die Ausrüstung, die ich (bereitlegen) ...., ins Auto zu laden.

2.3 Sie (hereinkommen) ...., (rufen) .... die Sekretärin und (bitten) .... sie um die Unterlagen, die sie ihr am Morgen (geben) ....

2.4 Auf dem Fundbüro (melden) .... sich ein Herr, der seine Aktentasche (verlieren) ....

2.5 Hörst du, wie er (fluchen) ...., weil er Wein (verschütten) .... und es einen Fleck (geben) ...., den er (reinigen müssen) ....?

2.6 Sie (telefonieren) .... der Feuerwehr, weil im Keller ein Brand (ausbrechen) ....

2.7 Wir (anfangen) ...., sobald alle Teilnehmenden (eintreffen) ....

2.8 Man (nicht viel sehen) ...., als wir die Berghütte (erreichen) ...., denn die Sonne (schon / untergehen) ....

Übung 3

Fehler aus Aufsätzen. Verbessern Sie:

3.1 Wir erzählten einander, was wir erlebt haben.
3.2 Als er feststellte, dass er hintergangen wurde, ist er sehr wütend geworden.
3.3 Bevor der Zug wegfuhr, verabschiedeten wir uns von den Freunden, die uns zum Bahnhof begleiteten.
3.4 Nachdem ich vier Monate arbeitete, wollte ich mir wieder Ferien gönnen.
3.5 Am folgenden Tag war alles weiss, denn es schneite über Nacht.
3.6 Ich bin froh, dass meine Erfahrungen bis jetzt positiv ausfallen.
3.7 Ich wartete auf die Kollegen und erzählte ihnen in aller Hast, was vorfiel.
3.8 Alles kam ganz anders heraus, als man es mir prophezeite.

Indikativ und Imperativ

Mit der Verbform lässt sich ausdrücken, ob ein Sachverhalt tatsächlich so *ist*, wie man sagt, oder ob er so sein *könnte*. Die beiden Formen, die tatsächliche Gegebenheiten beschreiben, sind der Indikativ (Wirklichkeitsform) und der Imperativ (Befehlsform).

Indikativ

Der Indikativ ist die «Normalform» des konjugierten Verbs. Mit dem Indikativ werden wirkliche Handlungen beschrieben, deshalb heisst der Indikativ auf Deutsch Wirklichkeitsform.

Es gibt für jede Zeit eine Indikativform.

Präsens	Ich spiele	Ich gehe
Präteritum	Ich spielte	Ich ging
Futur	Ich werde spielen	Ich werde gehen
Perfekt	Ich habe gespielt	Ich bin gegangen
Plusquamperfekt	Ich hatte gespielt	Ich war gegangen
Futur II	Ich werde gespielt haben	Ich werde gegangen sein

Imperativ

Imperativformen werden bei direkten Aufforderungen und Befehlen verwendet, daher die deutsche Bezeichnung **Befehlsform**. Der Imperativ kommt vor allem in der 2. Person Einzahl und Mehrzahl vor. Die Sätze sind aber in der Regel **subjektlos**, das heisst, die Pronomen **du** und **ihr** fehlen. Beispiele:
2. Person Singular (Du-Form):   Komm! Warte!
2. Person Plural (Ihr-Form):   Kommt! Wartet!

Zusätzlich gibt es Höflichkeitsformen mit dem Anredepronomen **Sie** und auch Aufforderungssätze in der **kollektiven Wir-Form**. Beispiele:
Höflichkeitsform, 2. Person Plural: Kommen Sie! Warten Sie bitte!
Aufforderung, 1. Person Plural: Packen wir's an! Sparen wir Energie!

Ein Vergleich mit anderen Sprachen zeigt die Unterschiede in der Bildung des Imperativs:
Das Französische kennt gleiche und andere Befehlsformen («Pars!», «Partez!», aber auch: «Partons!»); das Englische hat nur eine Form («Come!»).

Wo die 2. Person Singular den Stammvokal von -e- zu -i- wechselt, macht die Imperativform diesen Wechsel mit: **nehmen: du nimmst → Nimm!** / **befehlen: du befiehlst → Befiehl!**
Bei Umlaut ist dies aber nicht der Fall: **fahren: du fährst → Fahr!**

Übung 1

Wie lauten die Imperativformen zu folgenden Verben?

laufen	**Lauf!**	**Lauft!**	**Laufen Sie!**
helfen	....	....	....
zusehen	....	....	....
fahren	....	....	....
sich waschen	....	....	....
vorsichtig sein	....	....	....
keine Angst haben	....	....	....

Übung 2

Finden Sie selber die Imperativformen für je zwei Verben, die …

a) … den Stammvokal von **-e-** zu **-i-** wechseln:

nehmen	**Nimm!**	**Nehmt!**	**Nehmen Sie!**
....	....	....	....
....	....	....	....

b) … reflexiv sind:

sich bewegen	**Beweg dich!**	**Bewegt euch!**	**Bewegen Sie sich!**
....	....	....	....
....	....	....	....

c) … Vorsilben haben:

aufpassen	**Pass auf!**	**Passt auf!**	**Passen Sie auf!**
....	....	....	....
....	....	....	....

Übung 3

Welche Imperativformen sind richtig (✓), welche falsch (✗)?

3.1 ☐ Bitte helfe mir.
3.2 ☐ Bitte führe mich zum Chef.
3.3 ☐ Haben Sie bitte Geduld.
3.4 ☐ Klären Sie das ab.
3.5 ☐ Gebe bald Bescheid.
3.6 ☐ Sei nicht so unsorgfältig.
3.7 ☐ Lies zuerst die Anleitung.
3.8 ☐ Kommet bald vorbei.
3.9 ☐ Werfe es nicht weg.

Übung 4

Welches sind Indikativformen (I)? Welches sind Konjunktivformen (K)?

4.1 wir wüssten (.........)   4.3 ihr gebt (.........)   4.5 ich fahre (.........)   4.7 ihr singet (.........)

4.2 du hast gewartet (......)   4.4 ihr spieltet (.........)   4.6 er werde eingetroffen sein (.........)

Übung 5

Wie lauten folgende Verbformen im Indikativ? – Beispiel:
3. Person Singular Plusquamperfekt regnen: **es hatte geregnet**

5.1   2. Pers. Sg. Präsens, **glauben**: ....

5.2   2. Pers. Pl. Futur, **sich freuen**: ....

5.3   3. Pers. Pl. Perfekt, **reiten**: ....

5.4   2. Pers. Pl. Präteritum, **schicken**: ....

5.5   1. Pers Sg. Futur II, **weggehen**: ....

Konjunktiv I und II: Bildung

Neben den Indikativformen hat jede grammatische Zeit auch eine Konjunktivform. Bei der Bildung dieser Möglichkeitsformen wird immer der konjugierte Teil des Verbs in den Konjunktiv gesetzt.

Der Konjunktiv I

Der Konjunktiv I (auch **Konjunktiv Präsens** genannt) leitet sich wie die Indikativform vom Verbstamm ab.

Indikativ	Konjunktiv I
ich geh e	ich geh e
du geh st	du geh est
er geh t	er geh e
wir geh en	wir geh en
ihr geh t	ihr geh et
sie geh en	sie geh en

Der Stamm (**geh**-) bleibt also bei beiden Konjugationen gleich.
Hinzu kommen die jeweiligen Indikativ- oder Konjunktivendungen.

Der Konjunktiv II

Der Konjunktiv II (auch **Konjunktiv Präteritum** genannt) leitet sich vom Präteritumstamm ab. Hinzu kommen die Konjunktivendungen. Diese sind gleich wie beim Konjunktiv I.

Starke Verben: Schwache Verben:

Indikativ	Konjunktiv II	Indikativ	Konjunktiv II
ich ging	ich ging e	ich spielt e	ich spielt e
du ging st	du ging est	du spielt est	du spielt est
er ging	er ging e	er spielt e	er spielt e
wir ging en	wir ging en	wir spielt en	wir spielt en
ihr ging t	ihr ging et	ihr spielt et	ihr spielt et
sie ging en	sie ging en	sie spielt en	sie spielt en

Bei starken Verben tritt in der Regel ein Umlaut auf: sah → **sähe** flog → **flöge** fuhr → **führe** Stammlaut -i- (wie im Beispiel) bleibt unverändert.	Bei schwachen Verben gibt es zwischen Indikativ Präteritum und Konjunktiv Präteritum nirgends einen Unterschied.

Bei den zusammengesetzten Zeiten werden die Hilfsverben (sein, haben, werden) in den Konjunktiv gesetzt; Partizip und Infinitiv verändern sich nicht.

Zeiten	Indikativ	Konjunktiv
Perfekt/Plusquamperfekt	ich bin/war gegangen du hast/hattest gespielt	ich sei/wäre gegangen du habest/hättest gespielt
Futur I/II	er wird gehen/gegangen sein	er werde gehen/gegangen sein

Übung 1

Konjugieren Sie im Präsens.

	trinken		**sprechen**		**zeigen**	
	Indikativ	Konjunktiv	Indikativ	Konjunktiv	Indikativ	Konjunktiv
ich	....	....	....	....	....	....
du	....	....	....	....	....	....
er/sie/es	....	....	....	....	....	....
wir	....	....	....	....	....	....
ihr	....	....	....	....	....	....
sie	....	....	....	....	....	....

Wo sind beide Formen gleich? Markieren Sie.

Übung 2

Konjugieren Sie im Präteritum.

	nehmen		**fangen**		**sagen**	
	Indikativ	Konjunktiv	Indikativ	Konjunktiv	Indikativ	Konjunktiv
ich	....	....	....	....	....	....
du	....	....	....	....	....	....
er/sie/es	....	....	....	....	....	....
wir	....	....	....	....	....	....
ihr	....	....	....	....	....	....
sie	....	....	....	....	....	....

Wo sind beide Formen gleich? Markieren Sie.

Übung 3

Setzen Sie die Verbformen am richtigen Ort in die Tabelle ein. Ergänzen Sie dann die restlichen Formen.

3.1 du gehest	3.4 ihr sässet	3.7 sie schlafen	3.10 es brannte
3.2 sie hielten	3.5 wir haben	3.8 du machtest	3.11 wir führen
3.3 ich wisse	3.6 sie sehe	3.9 ich zöge	3.12 wir führen

(Erkennen Sie jeweils beide Möglichkeiten?)

Bsp.: er kommt	er komme	er kam	er käme
3.1			
3.2			
3.3			
3.4			
3.5			
3.6			
3.7			
3.8			
3.9			
3.10			
3.11			
3.12			

Konjunktiv I: Anwendung

Die heutige Kommunikation ist oft sehr schnell. Es wird weniger auf formale und grammatische Korrektheit geachtet. Dabei drohen auch die Konjunktivformen zu verschwinden, denn oftmals wird statt des Konjunktivs der Indikativ gebraucht. Beispiel: «Er schrieb mir, dass er den Termin absagen muss.» Doch die korrekte Anwendung der Möglichkeitsformen zeugt von einem sorgfältigen Umgang mit der Sprache.

Anwendungsbereiche

Vereinzelt wird der Konjunktiv I bei Wünschen oder Aufforderungen gebraucht:
Sie **lebe** hoch! Er **ruhe** in Frieden! Man **nehme** …

Die Hauptanwendung für den Konjunktiv I ist aber die indirekte Rede.

Direkte Rede:	Indirekte Rede:
Sie hat geschrieben: «Ich treffe um acht Uhr ein.»	Sie hat geschrieben, sie treffe um acht Uhr ein.
Er behauptete: «Ich habe mich verschlafen.»	Er behauptete, er habe sich verschlafen.
Sie meinten: «Da sind wir auch dabei!»	Sie meinten, da seien sie auch dabei.
	(Keine Anführungszeichen bei indirekter Rede.)

Der gemischte Konjunktiv

Bei einigen Formen (mit * gekennzeichnet) in der unten stehenden Tabelle gibt es keinen formalen Unterschied zwischen der Indikativform und der Konjunktiv-I-Form. Für die indirekte Rede gilt aber die Grundregel: **Bei der indirekten Rede sollen sich die Verbformen von den Indikativformen unterscheiden.** Ist dies nicht der Fall, müssen wir als Ersatzform den Konjunktiv II verwenden.

Indikativ Präsens	Konjunktiv I	Konjunktiv II	gemischter Konj.
ich komme	ich komme* →	**ich käme**	**ich käme**
du kommst	**du kommest**	du kämest	**du kommest**
er/sie/es kommt	**er/sie/es komme**	er/sie/es käme	**er/sie/es komme**
wir kommen	wir kommen* →	**wir kämen**	**wir kämen**
ihr kommt	**ihr kommet**	ihr kämet	**ihr kommet**
sie kommen	sie kommen* →	**sie kämen**	**sie kämen**

In der indirekten Rede wendet man also den gemischten Konjunktiv an. Immer dort, wo es möglich ist, besteht er aus Konjunktiv-I-Formen. Wo sich die Formen jedoch nicht vom Indikativ unterscheiden, weicht man auf den Konjunktiv II aus.

Präteritum in der direkten Rede

Wird in der direkten Rede Präteritum verwendet, ergibt dies in der indirekten Rede Konjunktiv Perfekt (in Ausweichformen Konjunktiv Plusquamperfekt):
«Ich kam zu spät, weil alle Züge Verspätung hatten.»
Er sagt, er **sei** zu spät **gekommen**, weil alle Züge Verspätung **gehabt hätten**.

Hinweis zum Sprachgebrauch

Heute nimmt der Gebrauch von Konjunktiv-II-Formen für die indirekte Rede immer stärker überhand. Beispiel: Sie sagt, die Ware **wäre** erst morgen versandbereit, weil es eine Verspätung gegeben **hätte** (statt: **sei/habe**). Solche Formen sind aber standardsprachlich nicht korrekt. Das ginge nur, wenn in der direkten Rede bereits Konjunktiv-II-Bedingungsformen stünden: Sie meinte, wenn sie mich **wäre**, **hätte** sie reklamiert.

Übung 1

Arbeiten Sie den gemischten Konjunktiv für das Verb **sehen** heraus.

Indikativ Präsens	Konjunktiv I	Konjunktiv II	gem. Konjunktiv
....	....	....	....
....	....	....	....
....	....	....	....
....	....	....	....
....	....	....	....
....	....	....	....

Übung 2

Streichen Sie die falschen Formen durch.
Beispiel: Sie teilten uns mit, die Nachlieferung ~~trifft~~ / treffe / ~~träfe~~ nächste Woche ein.

2.1 Er sagt, er **will** / **wolle** / **wollte** es bis morgen wissen.

2.2 Sie erwiderten, sie **haben** / **hätten** gar nichts unternommen.

2.3 Du sagtest, du **siehst** / **sehest** / **sähest** keinen Sinn darin.

2.4 Im Bericht steht, man **schliesst** / **schliesse** / **schlösse** Brandstiftung als Ursache aus.

2.5 Der Nachbar meint, die Zweige **ragen** / **ragten** zu weit in seinen Garten hinein.

2.6 Der Bauer befürchtet, es **gibt** / **gebe** / **gäbe** ein Gewitter.

2.7 Warum behauptet ihr, ihr **wisset** / **wüsstet** nichts davon?

2.8 Er wandte ein, Stoffbezüge **kosten** / **kosteten** zu viel und **lassen** / **liessen** sich nur schlecht reinigen.

Übung 3

Setzen Sie in die indirekte Rede.

3.1 «Wer solche Risiken eingeht, muss sich nicht wundern, wenn es Unfälle gibt.»
Ein Experte meinte, ...
....

3.2 «Wir erschraken ziemlich, als ein Blitz in der Nähe einschlug.»
Die Nachbarn sagten, ...

3.3 «Diese Vorhänge gefallen mir gar nicht.»
Die Kundin sagte, ...

3.4 «Ich übernehme es, die Anwesenden zu informieren.»
Du hast doch gesagt, du ....

3.5 «Wir kommen mit dem Zug.»
Sie haben mitgeteilt, ...

3.6 «Ich glaube nicht, dass ich fertig werde.»
Die Freundin erklärte, ...

3.7 «Hör auf, sonst gibt es ein Unglück!»
Peter warnte, ...

3.8 «Wenn es morgen regnet, bleiben wir zu Hause.»
Sie meinten, ...

Konjunktiv II: Anwendung

Mit dem Konjunktiv II drückt man manchmal Wünsche aus: «Wenn sie nur endlich käme!» «Hätte ich doch bald Ferien!» – Gelegentlich kann man auch Unsicherheit zeigen: «Gäbest du ihm das Geld?» «Wüsstest du, wie man das macht?» – Und auch als Höflichkeitsform wird der Konjunktiv II verwendet: «Könnten Sie bitte das Fenster öffnen?» «Hätten Sie kurz Zeit für mich?»

Hauptanwendungen: Bedingungen

In erster Linie drückt der Konjunktiv II Bedingungen aus:
Ich **hätte** grosse Freude, wenn ich **gewänne**.
Wenn diese beiden Fehler nicht **wären**, **hätte** ich eine Sechs **bekommen**.

Indikativ/Konjunktiv bei starken Verben

Indikativ	Konjunktiv II	Indikativ	Konjunktiv II
ich kam	ich käme	ich ging	ich ginge
du kamst	du kämest	du gingst	du gingest
er/sie/es kam	er/sie/es käme	er/sie/es ging	er/sie/es ginge
wir kamen	wir kämen	wir gingen	wir gingen*
ihr kamt	ihr kämet	ihr gingt	ihr ginget
sie kamen	sie kämen	sie gingen	sie gingen*
Bei den starken Verben mit Umlaut ist die Konjunktiv-II-Form kein Problem. sah → sähe, flog → flöge, fuhr → führe		Bei den starken Verben ohne Umlaut tauchen gleiche Formen wie beim Indikativ auf (mit * markiert).	

Einige starke Verben haben zwei Formen: **stände**/**stünde**, **gewänne**/**gewönne**, **hälfe**/**hülfe**

Bei den **schwachen Verben** ist eine Unterscheidung nicht möglich, denn alle Formen des Konjunktivs II sind genau gleich wie diejenigen des Indikativs Präteritum (träumte – träumte)!

«würde»-Form als Ersatz von Konjunktiv II

Solange in einem Satz mindestens eine Form ein deutlicher Konjunktiv II ist, erkennt man den Satz klar als Bedingungssatz: Wenn ich fragte, **bekäme** ich keine Auskunft.
Unterscheiden sich aber bei allen Verben in einem Bedingungssatz Indikativ- und Konjunktivform nicht, wird der Satz zweideutig: **Wenn ich fragte, antwortete er nicht.**
Dies kann verstanden werden:
> zeitlich: Jedes Mal, wenn ich ihm eine Frage stellte, erhielt ich keine Antwort.
> als Bedingung: Sollte ich ihm eine Frage stellen wollen, bekäme ich keine Antwort.

In einem solchen Fall muss im Bedingungssatz auf **würde** zurückgegriffen werden:
Wenn ich ihn fragte, **würde** er nicht antworten.
(Stilistischer Hinweis: Es ist eleganter, **würde** im Hauptsatz zu wählen und **wenn + würde** zu vermeiden.)

Hinweise zur Stilistik

Wenn es vorkommen würde, dass die «würde»-Form bei allen Verbformen im Bedingungssatz gebraucht würde, würde dies nicht nur unschön tönen, sondern man würde sich auch unnötig wiederholen. Besser: Wenn es vorkäme, dass die «würde»-Form bei allen Verbformen im Bedingungssatz gebraucht würde, tönte dies nicht nur unschön, sondern man wiederholte sich auch unnötig. Die «würde»-Formen haben jedoch ihre Berechtigung, wenn die Konjunktiv-II-Form veraltet wirkt: schwimmen → schwämme, backen → büke, gelten → gölte/gälte.

Übung 1

Setzen Sie überall konsequent Konjunktiv II ein.

1.1 Wenn ich mehr Geld (haben) ...., (kaufen) .... ich mir viele schöne Kleider.

1.2 Wenn du am Turnier (teilnehmen) ...., (kommen) .... du bestimmt auf einen Spitzenplatz.

1.3 Der Lehrer (schimpfen) ...., wenn die Lernenden keine Aufgaben (machen) ....

1.4 Wenn jetzt ein Funke (entstehen) ...., (explodieren) .... die ganze Sache.

1.5 Ich (tragen) .... deine Tasche schon, wenn sie dir zu schwer (werden) ....

1.6 Wenn es (regnen) ...., (gehen) .... wir mit dem Bus.

1.7 Wenn es (regnen) ...., (nehmen) .... wir den Bus.

1.8 (Bremsen) .... Sie, wenn eine Katze über die Strasse (laufen) ....?

1.9 Wenn wir Lärm (machen) ...., (reklamieren) .... die Nachbarn.

1.10 Wenn es (stürmen) ...., (schliessen) .... ich die Läden.

Welche der obigen Sätze sind nun klare Bedingungssätze? Schreiben Sie die zweideutigen Sätze hier als Bedingungssätze auf, indem Sie im Hauptsatz die **würde**-Form zu Hilfe nehmen.

....
....
....

Übung 2

Was täten Sie in folgenden Situationen? Verwenden Sie unterschiedliche Verben in Konjunktiv-II-Formen und vermeiden Sie nach Möglichkeit das Wort «würde».
Beispiel: Ein Brand bricht aus. **Wenn ein Brand ausbräche, riefe ich die Feuerwehr.**

2.1 Sie treffen Ihren Lieblingsschauspieler/Ihre liebste Popsängerin.
2.2 Sie gewinnen eine Million im Lotto.
2.3 Sie halten eine Ansprache zum 1. August.
2.4 Sie verlieren den Hausschlüssel.
2.5 Sie finden eine Brieftasche mit 5000 Franken.
2.6 Ein UFO landet vor Ihrem Haus.

Übung 3

Eliminieren Sie möglichst viele «würde»-Formen.

Wenn ich eine Million gewinnen würde[1], würde[2] ich als Erstes ein grosses Fest machen. Ich würde[3] alle meine Freunde einladen und wir würden[4] in ein vornehmes Restaurant gehen und würden[5] dort viele feine Dinge essen. Natürlich würden[6] wir Champagner und teuren Wein trinken. Es würde[7] auch eine tolle Band für uns spielen müssen und wir würden[8] es lustig haben. Aber ich würde[9] nicht alles Geld einfach ausgeben. Ich würde[10] es anlegen. Bankfachleute würden[11] mich beraten und ich würde[12] mein Geld möglichst gut anlegen, damit es gute Erträge bringen würde[13]. So würde[14] ich weniger zu arbeiten brauchen und würde[15] öfter Ferien nehmen.

....
....
....

Aktiv/Passiv

Wie wirken diese Sätze? «Spanien wurde von den Schweizern mit 1:0 besiegt.» – «Die Schweizer besiegten Spanien mit 1:0.» Welcher Satz liest sich besser? Es ist offensichtlich: Sätze in der aktiven Form sind direkter und wirken dynamischer. Beim Aktivsatz steht der Verursacher oder die Ursache im Vordergrund. Beim Passivsatz rücken sie in den Hintergrund oder sind ganz ausgeblendet: «Spanien wurde mit 1:0 besiegt.»

Aktive und passive Verbformen

Zeit	Aktiv	Passiv
Präsens	ich belohne	ich werde belohnt
Präteritum	ich belohnte	ich wurde belohnt
Futur	ich werde belohnen	ich werde belohnt werden
Perfekt	ich habe belohnt	ich bin belohnt worden
Plusquamperfekt	ich hatte belohnt	ich war belohnt worden
Futur II	ich werde belohnt haben	ich werde belohnt worden sein

Bildung der Passivform

Wie die obige Tabelle zeigt, benötigt man zur Passivbildung immer das Hilfsverb **werden**. Dazu kommen jeweils die zur entsprechenden Zeitform benötigten Hilfsverben **sein** (für Perfekt und Plusquamperfekt) sowie nochmals **werden** (für Futur und Futur II).

Bei der Umformung Aktiv ↔ Passiv muss das Satzsubjekt geändert werden. Man kann also nicht einfach die vorhandenen Satzglieder umstellen.
Die Polizei konnte den Räuber kurz nach der Tat verhaften. (Polizei, aktiv → Räuber, passiv)
Falsch: Den Räuber konnte die Polizei kurz nach der Tat verhaften. (→ immer noch aktiv)
Richtig: **Der Räuber konnte** kurz nach der Tat von der Polizei **verhaftet werden**.

Merke: Das Subjekt kann bei einer Umwandlung vom Aktiv ins Passiv (und umgekehrt) nicht zweimal dasselbe sein. Die Verbformen müssen sich voneinander unterscheiden. Im Passivsatz steht das Hauptverb immer im Partizip und das Hilfsverb «werden» muss in irgendeiner Form vorkommen.

Das Zustandspassiv

Im Zustandspassiv wird nicht jemand oder etwas behandelt, sondern es wird ein bereits bestehender oder zukünftiger Zustand ausgedrückt. Das Zustandspassiv wird mit dem Verb «sein» und dem Partizip (das eine Art Adjektivfunktion hat) gebildet.
Beispiele: Das Papier war zerrissen. Das Bein ist gebrochen. Das Büro ist ab morgen geschlossen.

Anwendung von Aktiv und Passiv

> Wo jemand/etwas selber handelt, wird die aktive Form vorgezogen.
  Mein Kollege schlug eine Änderung vor. Ein Spezialist entschärfte die Bombe.
> Die passive Form kommt zum Zuge, wenn der Urheber einer Handlung nicht wichtig ist: **Die Bombe wurde entschärft.** (Es geht primär um die Entschärfung der Bombe.)
> Die passive Form setzt man auch ein, wenn der Urheber der Handlung nicht bekannt ist: **In der Nacht wurden zwei Autos gestohlen.**
> Das Passiv sollte nicht verwendet werden, um handelnde Personen zu «verstecken». Nicht: **Oft wird vor dem Fernseher gegessen.** Sondern: **Wir essen oft vor dem Fernseher.**

Übung 1

Aktiv (A) oder Passiv (P)?

1.1 es blinkt (........)
1.2 wir wurden begrüsst (........)
1.3 sie war eingeladen worden (........)
1.4 ihr seid gefahren (........)
1.5 es wurde heiss (........)
1.6 es muss verkauft werden (........)
1.7 wir werden abreisen (........)
1.8 sie wird geschrieben haben (........)

Übung 2

Schreiben Sie die Passivformen in den verlangten Zeiten hin.

2.1 Eine Untersuchung **ist eingeleitet worden**. (Präteritum) ....

2.2 Zwölf Leute **werden neu eingestellt**. (Futur I) ....

2.3 Die Preise **wurden erhöht**. (Plusquamperfekt) ....

2.4 Die Ware **wird abgeholt**. (Futur II) ....

Übung 3

Setzen Sie ins Passiv, ohne die Zeit zu ändern. (Lassen Sie die Person weg.)

3.1 Sie renovieren das Museum.
   ....

3.2 Man unterbrach die Stromzufuhr.
   ....

3.3 Wir werden die Ware morgen abschicken.
   ....

3.4 Sie hatten den Tisch schön gedeckt.
   ....

3.5 Wir haben die Sitzung schon abgehalten.
   ....

Übung 4

Entscheiden Sie zuerst, ob die Sätze aktiv (A) oder passiv (P) sind. Setzen Sie diese anschliessend in die jeweils andere Form, ohne jedoch die Zeit zu verändern.
Beispiel: Die Aufgabe wird von mir gelöst. (Passiv) → Aktiv: Ich löse die Aufgabe.

4.1 Das Spiel wurde vom Schiedsrichter abgepfiffen. (........)
   ....

4.2 Jemand hatte die Szene fotografiert. (........)
   ....

4.3 Wir werden das Essen um 20 Uhr servieren. (........)
   ....

4.4 Das Modell wird vom Importeur nicht mehr vertrieben. (........)
   ....

4.5 Sie vergassen die Sache wieder. (........)
   ....

4.6 Man kann den Schaden noch nicht abschätzen. (........)
   ....

Geschlecht

Wie erkennt man Nomen? – Ganz einfach: Nomen werden grossgeschrieben. Zudem lassen sich Nomen nach Geschlecht (Genus), Zahl (Numerus) und Fall (Kasus) bestimmen. Das Nomen kann zudem verschiedene Begleiter bei sich haben, beispielsweise Artikel (*der* Briefträger, *ein* Paket), andere Pronomen (*mein* Garten, *etwas* Neues) oder Adjektive (eine *schöne* Gegend).

Grammatisches Geschlecht

Das grammatische Geschlecht jedes Nomens lässt sich anhand seines bestimmten Artikels in der Einzahl bestimmen.

der Baum	**die** Wiese	**das** Tal
maskulinum	**femininum**	**neutrum**

Kein Geschlecht haben Nomen, die nur im Plural vorkommen, etwa «Leute», «Ferien» oder «Trümmer». Oft besteht zwischen dem tatsächlichen und dem grammatischen Geschlecht kein Zusammenhang. So kann man sich fragen, weshalb es «der Schrank» (männlich) und «die Wand» (weiblich) heisst, obwohl es sich um Sachen handelt. Auch bei Personen und Tieren stimmen grammatisches und natürliches Geschlecht nicht immer überein. Beispiele: die Person, der Mensch (können männlich oder weiblich sein), das Mädchen. Orientierungshilfen zur Bestimmung des Geschlechts bieten gewisse Endungen. Wörter auf -heit oder -ung haben feminines Genus (die Gesundheit, die Berechnung). Von Verben abgeleitete Nomen sowie Diminutive (Verkleinerungsformen) sind stets sächlich (das Laufen, das Zeichnen; das Täubchen, das Brünnlein).

Ein kurzer Vergleich mit anderen Sprachen

Während im Französischen «die Sonne» männlich ist (le soleil), ist sie auf Deutsch weiblich. «Der Stuhl» ist auf Französisch weiblich (la chaise). Im Englischen kommen die Nomen gar ohne grammatisches Geschlecht aus. Statt «der, die, das» oder «le, la» heisst es einfach «the». Werden englische Wörter in die deutsche Sprache übernommen, führt dies oft zu Problemen: Welchen Artikel setzen wir vor das Fremdwort? Englische Fremdwörter erhalten ihren Artikel im Deutschen oft, weil sie ähnlich wie deutsche Wörter klingen bzw. eine ähnliche Endung wie diese haben («der Provider» klingt z. B. ähnlich wie «der Erzähler»). In den Regionen des deutschen Sprachraumes sind manchmal verschiedene Artikel gebräuchlich und gemäss Wörterbuch auch korrekt (z. B. Deutschland: die Mail/das Match; Schweiz: das Mail/der Match).

Diskriminierende Sprache?

Es gilt heute als diskriminierend, nur von «Juristen» und «Autoren» zu sprechen, wenn auch Juristinnen und Autorinnen gemeint sind. Neben den sogenannten Paarformeln gibt es in vielen Fällen weitere, auch einfachere Formulierungen, die beide Geschlechter einbeziehen:

> **Teilnehmerinnen und Teilnehmer** → Paarformel
> **Kursmitglieder** → ausgehend von einem geschlechtsneutralen Nomen (das Mitglied)
> **Studierende** → ausgehend von einem nominalisierten Partizip; dessen Singularformen lauten für beide Geschlechter gleich (der/die Studierende)
> **Teilnehmer/innen, TeilnehmerInnen** → im Alltag oft angewendet, standardsprachlich umstritten

Übung 1

1.1 Bilden Sie aus den unten stehenden Wörtern Nomen mit verschiedenen Endungen. Verwenden Sie jedes Wort nur einmal.

Ärger, Mann, Mensch, anonym, bereit, kreativ, reich, wahr, achten, belasten, verstehen, wachsen

-tum	-schaft ....
-tät	-heit ....
-nis	-ung ....

1.2 Schreiben Sie nun zu jeder Endung zwei eigene Beispiele.

-tum	-schaft ....
-tät	-heit ....
-nis	-ung ....

1.3 Welche Endungen lassen sich eindeutig einem Geschlecht zuordnen?

Übung 2

2.1 Wie lautet der Artikel?

.... Spital	.... Bleistift	.... Dessert	.... Kies
.... Käfig	.... Butter	.... Eckbank	.... Fahne
.... Spitze	.... Ecke	.... Kartoffel	.... Bündel

2.2 Setzen Sie den Artikel und zeigen Sie mit einem Synonym oder Beispiel den Unterschied auf.

.... See	.... See ....
.... Mast	.... Mast ....
.... Schild	.... Schild ....
.... Gehalt	.... Gehalt ....
.... Kristall	.... Kristall ....
.... Kunde	.... Kunde ....

Übung 3

Wie lautet der männliche bzw. weibliche Begriff?

der Arzt	die	der Chauffeur	die ....
die Nonne	der	die Serviertochter	der ....
die Nichte	der	die Krankenschwester	der ....

Übung 4

Setzen Sie für die hervorgehobenen Ausdrücke geschlechtsneutrale Nomen oder Paarformeln ein.

4.1 Sämtliche **Mitarbeiter** .... waren anwesend.

4.2 Das «Tagblatt» befragte verschiedene **Fussgänger** .... zur geplanten Unterführung.

4.3 Bei einer Geldanlage spielt der **Ansprechpartner** .... der Bank eine grosse Rolle.

4.4 **Die Stewardessen** .... sind für das Wohlergehen der Fluggäste zuständig.

4.5 Auf naturschönen Strecken der SBB trifft man oft auf begeisterte **Bahnfahrer** ....

Einzahl/Mehrzahl

Nomen stehen entweder in der Einzahl oder in der Mehrzahl. Die Pluralform lässt sich nicht immer anhand der Form eines Wortes erkennen. Lesen wir als Titel über einem Stelleninserat «Lagerarbeiter gesucht», ist daraus nicht ersichtlich, wie viele Männer in der Firma gebraucht werden, denn «Arbeiter» könnte sich sowohl auf «der/ein Arbeiter» als auch auf «die/mehrere Arbeiter» beziehen. Formulierungen wie «Sekretärin gesucht» oder «Koch gesucht» sind hingegen bezüglich Singular oder Plural eindeutig.

Formen des Plurals

Merkmal	Singular	Plural
ohne Pluralendung	der Löffel das Raster	die Löffel die Raster
mit Endungen	der Monat das Bild das Büro	die Monate die Bilder die Büros
mit Umlaut	die Tochter die Kunst das Haus	die Töchter die Künste die Häuser
nur Singularform (vor allem abstrakte Begriffe)	das Glück das Publikum die Geografie	die Glücksfälle das Publikum in Schweizer Theatern die Geografie verschiedener Länder (Das Wort wird durch einen ähnlichen Ausdruck ersetzt oder umschrieben.)
nur Pluralform	ein Elternteil eine Angabe zur Person ein Kostenanteil (Das Wort wird durch einen ähnlichen Ausdruck ersetzt oder umschrieben.)	die Eltern die Personalien die Kosten
unterschiedliche Bedeutung bei gleicher Form im Singular (sogenannte Homonyme)	die Steuer (Geldabgabe) das Steuer (Lenkvorrichtung) das Wort (Einzelwort) das Wort (längere Äusserung) der Block (Klotz, Brocken) der Block (Häusergruppe)	die Steuern die Steuer die Wörter die Worte die Blöcke die Blocks

Die Pluralform kann in vielen Fällen nicht einfach aus dem Singular erschlossen werden. Hilfe bietet das Wörterbuch. Siehe Kapitel «Arbeiten mit dem Wörterbuch», Seite 130.

Pluralbildung bei Fremdwörtern

Im Alltag verbreitete Pluralbildungen wie «Handy's», «Info's» oder «Pizza's» sind falsch. Es gibt in der deutschen Sprache keine Pluralform mit Apostroph.
Siehe dazu auch das Kapitel «Fremdwörter und Fachwörter», Seite 24–27.

Übung 1

1.1 Wie lautet die Singularform?

Kriterien .... Stadien .... Antibiotika ....

Paparazzi .... Mechanismen .... Praxen ....

1.2 Wie drückt man diese Nomen im Singular aus?

Ferien .... Masern .... Geschwister ....

1.3 Wie lautet die Pluralform?

Pfosten .... Heft .... Strauch ....

Sohn .... Koffer .... Wagen ....

Hemd .... Strahl .... Gabel ....

1.4 Schreiben Sie die möglichen Pluralformen.

Atlas .... Park .... Bibliothekar ....

Traktor .... Hobby .... General ....

Visum .... Espresso .... Senior ....

1.5 Wie drückt man diese Nomen im Plural aus?

Obst .... Gepäck .... Regen ....

Verhalten .... Lob .... Zank ....

Übung 2

Schlagen Sie im Wörterbuch nach, wie viele verschiedene Pluralformen das Wort «Band» hat. Beachten Sie die unterschiedlichen Bedeutungen.

Übung 3

Setzen Sie, je nach Bedeutung des Wortes, die Pluralform ein.

Strauss In Afrika sah ich Elefanten, Geparde und ....

Er hat seiner Frau schon viele bunte .... geschenkt.

Rat Das sind die Sitze der sieben ....

Meine kluge Schwester hat mir schon oft gute .... erteilt.

Mutter Für diese Konstruktion braucht man Schrauben und ....

Alle .... kamen zum Informationsabend.

Bauer Auch goldene .... sind Käfige.

Die .... begannen dieses Jahr zeitig mit der Ernte.

Übung 4

In einigen Sätzen haben sich Fehler eingeschlichen. Korrigieren Sie.
4.1 Unsere Juniore und Juniorinnen werden von erfahrenen Trainern gefördert.
4.2 Der Hausbesitzer verlangte zwei Mietzinsen als Vorauszahlung.
4.3 Das Geschenkpapier war mit Herzen und Punkten verziert.
4.4 Auch im Alltag setzt die beliebte Politikerin ihre Prinzipien um.
4.5 Wegen des Internets ist der Absatz von Musik auf Compact Disc's zurückgegangen.
4.6 An der Fasnacht stören mich der Lärm und die Konfettis.
4.7 Mit einer Gesichtsmaske könnte man sich vor Virussen und Bakterien schützen.

Fälle 1

Das Nomen kann im Satz in vier verschiedenen Fällen auftreten: im *Nominativ* (Werfall), *Akkusativ* (Wenfall), *Dativ* (Wemfall) und im *Genitiv* (Wesfall). Wenn wir ein Nomen in einen bestimmten Fall setzen, sprechen wir von Deklination. Dabei verändern sich unter Umständen der Begleiter (meist ein bestimmter oder unbestimmter Artikel) oder die Endung des Nomens. Die Kenntnis der Fälle dient auch zur Bestimmung der Satzglieder, vor allem der Objekte.

Übersicht über die Fälle (lateinisch: Kasus)

Singular

Fall	Frage	femininum	maskulinum	neutrum
Nominativ	wer oder was?	die/eine Frau	der/ein Mann	das/ein Kind
Akkusativ	wen oder was?	die/eine Frau	den/einen Mann	das/ein Kind
Dativ	wem?	der/einer Frau	dem/einem Mann(e)	dem/einem Kind(e)
Genitiv	wessen?	der/einer Frau	des/eines Mannes	des/eines Kindes

Plural

Fall	Frage	femininum	maskulinum	neutrum
Nominativ	wer oder was?	die Frauen	die Männer	die Kinder
Akkusativ	wen oder was?	die Frauen	die Männer	die Kinder
Dativ	wem?	den Frauen	den Männern	den Kindern
Genitiv	wessen?	der Frauen	der Männer	der Kinder

Die Reihenfolge der Fälle in dieser Übersicht entspricht der Häufigkeit ihres Vorkommens.

Fragemethode

Die Übersicht zeigt, dass man der Form eines Nomens nicht unbedingt ansehen kann, in welchem Fall es steht. Man kann diesen jedoch durch die Fragemethode ermitteln. Dabei gilt das Nomen, dessen Fall bestimmt werden soll, als Antwort. Die Form des Fragewortes gibt dann Aufschluss über den Kasus.

Der Polizist stoppt einen Autofahrer.
Wer oder **was** stoppt einen Autofahrer? → **Nominativ**

Er schreibt **einen Bussenzettel**.
Wen oder **was** schreibt er? → **Akkusativ**

Er überreicht den Bussenzettel **dem Autofahrer**.
Wem überreicht er den Bussenzettel? → **Dativ**

Der Ärger **des Autofahrers** ist gross.
Wessen Ärger ist gross? → **Genitiv**

Übung 1

Bestimmen Sie die Fälle der farbigen Ausdrücke. Verwenden Sie folgende Abkürzungen: N für Nominativ, A für Akkusativ, D für Dativ und G für Genitiv.

Romantikerinnen .... schwärmen von **der reinen Schönheit** .... **der Augen** .... und nennen sie poetisch «**die Fenster** .... zur **Seele** ....». Auch nüchterner betrachtet sind **die Augen** .... **ein Meisterstück** .... **der Natur** .... Rund **achtzig Prozent** .... **aller Informationen** .... nehmen wir durch sie auf. Durch **das Zusammenspiel** .... von **Hornhaut, Iris und Linse** .... erhalten wir ein **detailreiches Abbild** .... **unserer Umwelt** .... Gleichzeitig sind **die Augen** .... **das Sinnesorgan** ...., das wir am leichtesten ein- und ausschalten können.

Übung 2

Bilden Sie mit zwei oder drei Nomen und einem Verb Sätze. Bestimmen Sie anschliessend die Fälle der Nomen. Beispiel: Das Publikum (N) spürte den Optimismus (A) der Autorin (G).

Nomen: **Erklärung, Blumen, Optimismus, Forscher, Schwester, Theorie, Autorin, Sonne, Studierende, Leben, Publikum**

Verben: **erwarten, helfen, suchen, bedürfen, mögen, verbreiten, erklären, spüren, folgen**

Übung 3

Verbessern Sie die falschen Deklinationsendungen.

3.1 Wenn die Luftverschmutzung weiter fortschreitet, droht Europas Wälder das Ende. ....

3.2 Die nächsten beiden Wochenende werden wir im Tessin verbringen. ....

3.3 Das Orchester hat zurzeit keinen eigenen Dirigent. ....

3.4 Viele Hunde sind des Hasen Tod. ....

3.5 Dies hilft nicht nur dem Tier, sondern auch dem Mensch. ....

3.6 Dem Produzent ist es wichtig, wer in seinem Film mitspielt. ....

3.7 Sie lebten noch lange in Frieden und freuten sich ihres Lebens. ....

3.8 Er hat seinem langjährigen Assistent gekündigt. ....

3.9 Am dunklen Himmel sahen die Menschen den Schweif eines Meteorit. ....

3.10 Man legt die Gabeln links und die Messer rechts von den Teller hin. ....

3.11 Als neuem Präsident stand es ihm zu, die Gäste zu begrüssen. ....

3.12 Wegen des schlechten Wetters mussten wir das Ausflugsziel ändern. ....

Übung 4

Verbessern Sie die falschen Fallformen.

4.1 Meiers Jüngster möchte ein berühmter Künstler werden. ....

4.2 Ein Angeber möchte ich nicht zum Freund haben. ....

4.3 Bitte betreibe für diese Sitzung kein zusätzlicher Aufwand. ....

4.4 Wir reparierten den Umschlag mithilfe von einem Klebeband. ....

4.5 Die Gemeinde betrachtet Herrn Bucher als wichtigen Steuerzahler. ....

4.6 Mit einem bisschen Glück wirst du die Prüfung bestehen. ....

Fälle 2

Nicht alle Nomen erhalten die gleichen Fallendungen wie unsere Beispielwörter «Frau», «Mann» und «Kind» auf Seite 58: Man spricht von drei verschiedenen Deklinationsreihen. Meistens wenden wir die Fallendungen «automatisch» richtig an. Sollten aber trotzdem Ungewissheiten auftreten, gibt der «Duden» an zweiter Stelle nach dem Worteintrag die Fallendung des Genitivs Singular an (Beispiel: Rabe, der; -n, -n). Mithilfe der Grammatik können wir die restlichen Fallendungen erschliessen.

Deklinationen

Singular	endungsloser Genitiv **Nulldeklination** alle weiblichen Nomen (ausser Personennamen)	s-Genitiv (-s/-es) **s-Deklination** alle sächl. Nomen und die Mehrheit der männlichen Nomen	n-Genitiv (-n/-en) **n-Deklination** bei einem Teil der männlichen Nomen
Nominativ	die Gabel	das Muster / der Baum	der Rabe
Akkusativ	die Gabel	das Muster / den Baum	den Raben
Dativ	der Gabel	dem Muster / dem Baum(e)	dem Raben
Genitiv	der Gabel	des Musters / des Baum(e)s	des Raben

Im Plural gibt es nur für den Dativ eine besondere Fallendung:

Plural	Nominativ auf -e, -el, -er **Dativendung** **Plural -n**	übrige **keine Pluralfallendung**
Nominativ	die Bilder	die Überraschungen
Akkusativ	die Bilder	die Überraschungen
Dativ	**den** Bilder**n**	**den** Überraschungen
Genitiv	der Bilder	der Überraschungen

Spezialfälle der s-Deklination

Personen- und Tiernamen sowie viele Orts- und Landesnamen werden ohne Artikel gebraucht. Sie erhalten nur im Genitiv eine Fallkennzeichnung, und zwar -s:
Erikas Büro, Hansis Lieblingskörner, die Bevölkerung Argentiniens, Londons Nobelviertel
(Schreibweise ohne Apostroph!)

Endet der Name bereits auf s oder einen s-Laut (s, ss, ß, z, tz, x), setzt man einen Apostroph:
Max' Spezialrezept, Sokrates' Lehren, Doris' neue Wohnung, Alex Capus' Bücher

Hat jedoch ein Eigenname einen Begleiter (Artikel oder Pronomen, oft in Kombination mit einem Adjektiv), wird der Genitiv nicht extra gekennzeichnet:
die Stimme des berühmten Pavarotti, die Witze unseres Emil, die Bauten des heutigen Rom, die Bilder des grossen Pablo Picasso

Bei Buchstabenwörtern und Kurzwörtern wird das Genitiv-s oft weggelassen:
die Artikel des OR, die Messung des IQ, die Zunahme der Pkw

Übung 1

Setzen Sie den Artikel in den richtigen Fall und ergänzen Sie wenn nötig die Endung des Nomens.

1.1 Die Sportlerin freute sich zusammen mit d......... Zuschauer......... über ihren Sieg.
1.2 Wo finde ich ein......... Anschluss......... für mein Ladegerät?
1.3 Die Fans verfolgten die Technik d......... Fussballspieler......... mit Spannung.
1.4 Wir möchten d......... Leiter......... d......... Architekturprojekt......... kennenlernen.
1.5 Auch Jugendliche mögen noch die Stimme Bob......... Dylan.........
1.6 Gehört dieses Motorrad ein......... Nachbar.........?
1.7 Das Design d......... Tasche......... entspricht der neusten Mode.
1.8 Soeben haben wir das Resultat d......... Abstimmung......... erfahren.
1.9 Ich besitze ein Buch Dürrenmatt......... mit der Unterschrift d......... Autor.........
1.10 Können Sie mir ein......... guten Tipp......... geben?
1.11 Das Bummeln in Paris......... Einkaufsviertel......... machte mir Spass.
1.12 Im Gewühl d......... Bahnhof......... suchte ich nach ein......... Billettautomat.........
1.13 Die Erkenntnisse d......... jungen......... Albert......... Einstein......... wurden unterschätzt.
1.14 D......... Verlust......... ein......... Pass......... muss man so bald wie möglich melden.
1.15 Ein junger Mann bot ein......... älteren Herr......... im Bus seinen Sitzplatz an.
1.16 Das ist Lars......... neues Handy. Er besitzt es erst seit ein......... Woche.........

Übung 2

Bestimmen sie die farbig gedruckten Nomen nach Geschlecht, Zahl und Fall.

Noch vor wenigen **Minuten**[1] hatten die Leute auf den **Sitzreihen**[2] gesessen und sich unterhalten oder Zeitung gelesen, vollkommen ruhig, als hätten sie keinerlei **Angst**[3]. Nun ratterten die kleinen **Koffer**[4] auf dem noppigen, rutschfesten Boden der **Passagierbrücke**[5] nervös und auffallend laut, doch ihre **Besitzer**[6] liessen sich nicht beunruhigen: In gleichmässig schnellem **Tempo**[7] liefen sie weiter, als ginge es darum, keine **Zweifel**[8] aufkommen zu lassen. Beim **Eingang**[9] der Passagierbrücke stehen bleibend, überlegte Herr Blanc noch einmal, ob er den **Leuten**[10] folgen sollte. Einige erkannte er wieder; sie hatten vorher beim selben **Gate**[11] gesessen wie er, wo auf einem Bildschirm sein **Flug**[12] angezeigt worden war. Aus: Roman Graf, *Herr Blanc*

	Geschlecht	Zahl	Fall
1. Minuten			
2. Sitzreihen			
3. Angst			
4. Koffer			
5. Passagierbrücke			
6. Besitzer			
7. Tempo			
8. Zweifel			
9. Eingang			
10. Leuten			
11. Gate			
12. Flug			

Funktion, Bildung, Deklination

Man erkennt Adjektive daran, dass man sie zwischen Artikel und Nomen setzen kann (das moderne Gebäude, ein dickes Buch). Grammatikalisch gesehen gehören sie zur Gruppe der deklinierbaren Wörter.

Funktion

An einem **Morgen verliess ich mein Bett, trank eine Tasse Kaffee und ass ein Brötchen. Ich dachte an meine Arbeit.** – Diese Szene können wir uns gut vorstellen. Aber wissen wir wirklich genau, wie es an jenem Morgen war? Vielleicht war es etwa so: **An einem sonnigen Morgen verliess ich mein Bett, trank eine Tasse starken, duftenden Kaffee und ass genüsslich ein knuspriges Brötchen. Ich dachte erwartungsvoll an meine Arbeit.** Die zweite Beschreibung der Szene unterscheidet sich von der ersten nur dadurch, dass beschreibende und wertende Adjektive beigefügt wurden. Doch sie vermittelt neben Fakten auch Stimmungen.

Bildung

Art der Bildung	Beispiele
Nomen + Nachsilben (Suffixe)	Wunder-**bar** → wunderbar Fehler-**haft** → fehlerhaft Gold, Blei **-en**, **-ern** → golden, bleiern Weitere Nachsilben: -ig, -isch, -lich, -los, -sam
Nomen + Adjektive	Leser-**freundlich** → leserfreundlich Dienst-**eifrig** → diensteifrig Kinder-**lieb** → kinderlieb
Ableitung aus Verben	tropfen → tropfend (Partizip I) → der **tropfende** Wasserhahn drucken → gedruckt (Partizip II) → der **gedruckte** Text

Man kann Adjektive in ihrer Ausdruckskraft verstärken, indem man sie mit anderen Wörtern verbindet: kalt → **eiskalt**, müde → **hundemüde**, reich → **steinreich**

Deklination

Deklination mit dem bestimmten Artikel

	maskulin	feminin	neutrum	Plural
Nominativ	der junge Mann	die kluge Frau	das kleine Kind	die netten Leute
Akkusativ	den jungen Mann	die kluge Frau	das kleine Kind	die netten Leute
Dativ	dem jungen Mann	der klugen Frau	dem kleinen Kind	den netten Leuten
Genitiv	des jungen Mannes	der klugen Frau	des kleinen Kindes	der netten Leute

Deklination mit dem unbestimmten Artikel

	maskulin	feminin	neutrum	Plural
Nominativ	ein junger Mann	eine kluge Frau	ein kleines Kind	nette Leute
Akkusativ	einen jungen Mann	eine kluge Frau	ein kleines Kind	nette Leute
Dativ	einem jungen Mann	einer klugen Frau	einem kleinen Kind	netten Leuten
Genitiv	eines jungen Mannes	einer klugen Frau	eines kleinen Kindes	netter Leute

Deklination ohne Artikel

	maskulin	feminin	neutrum	Plural
Nominativ	junger Mann	kluge Frau	kleines Kind	nette Leute
Akkusativ	jungen Mann	kluge Frau	kleines Kind	nette Leute
Dativ	jungem Mann	kluger Frau	kleinem Kind	netten Leuten
Genitiv	jungen Mannes	kluger Frau	kleinen Kindes	netter Leute

Übung 1

Ergänzen Sie den Text mit passenden Adjektiven.

Die Versuchung für Studierende ist ....: Die Tastenkombinationen Ctrl+C und Ctrl+V sind so .... wie einst die .... Backen von Evas Apfel. Plagiieren ist kein Kavaliersdelikt. .... genommen ist es .... Diebstahl oder Verletzung des Urheberrechts. Nicht nur Studierende schreiben ab, auch Professoren und Professorinnen machen es. Während bei der Übernahme von .... Textpassagen der Nachweis .... fällt, ist das bei grösser .... Forschungsprojekten weit .... Fliegt die Sache auf und werden die .... Ähnlichkeiten entdeckt, steht meist Aussage gegen Aussage.

Übung 2

Erklären Sie den Unterschied.

schädlich/schadhaft ....

zweiwöchig/zweiwöchentlich ....

kindlich/kindisch ....

geschäftlich/geschäftig ....

Übung 3

Leiten Sie durch Anhängen von Nachsilben Adjektive ab. Beispiel: Himmel → himmlisch

Sonne ....   Rücksicht ....   Land ....

Arbeit ....   Kupfer ....   Mangel ....

Übung 4

Bilden Sie aus den Nomen passende Adjektive. Beispiel: Wasser → eine wasserfeste Hülle

Welt   eine .... Haltung

Mund   ein .... Bissen

Risiko   ein .... Bankkunde

Folge   eine .... Entscheidung

Übung 5

Verstärken Sie. Beispiel: schwer → bleischwer

............................schwarz   ....glatt   ....leicht   ....gerade

bitter............................   grund............................   stink............................   tod............................

Übung 6

Ergänzen Sie die Adjektive mit den richtigen Fallendungen.

6.1 Nach lange......... Arbeit und ständig......... Sitzen tut ein ausgiebig......... Spaziergang auch bei trüb......... Wetter und kühl......... Temperaturen gut.

6.2 Immer mehr mit zahlreich......... Koffern und Taschen bepackt......... Reisende stiegen in den ohnehin schon voll......... Zug.

6.3 Aus gross......... Höhe sahen wir die winzig......... klein......... Autos der viel......... Menschen dieser hektisch......... Grossstadt, mehrspurig......... Strassen und blinkend......... Lichter.

6.4 Die jung......... Firma sucht zur Ergänzung des motiviert......... Teams eine erfahren......... Buchhalterin sowie einen zusätzlich......... Angestellten im administrativ......... Bereich.

Steigerung

Adjektive können Vergleichsformen bilden, also gesteigert werden. Dabei unterscheidet man drei Stufen: Der *Positiv* (Grundstufe) bildet die Ausgangsbasis; der *Komparativ* (Vergleichsstufe) drückt ein Mehr aus; der *Superlativ* (Höchststufe) ist die Bezeichnung für etwas nicht mehr Überbietbares. Die Endung des Komparativs ist -er, die des Superlativs -(e)st.

Steigerungsformen

	Positiv	Komparativ	Superlativ
regelmässig	schön	schöner	schönste
	nett	netter	netteste
	arm	ärmer	ärmsten
	kurz	kürzer	kürzeste
unregelmässig	hoch	höher	höchste
	nah	näher	nächste
	gut	besser	beste

Wie man sieht, haben manche Adjektive in der Steigerungsform einen Umlaut. Zu dieser Gruppe gehören viele einsilbige Adjektive.

Folgende Adjektive werden nicht mit Umlaut gesteigert:
> Adjektive mit au im Stamm (schlau – schlauer – am schlausten)
> brav, dunkel, falsch, flach, gerade, hohl, klar, mager, rund, schlank, stolz, stumpf, toll, trocken, wohl, zahm, zart (im Gegensatz zur Steigerung in der Mundart)

Nicht steigerbare Adjektive

absoluter Zustand	völlig, schwanger, viereckig, tot, hölzern, gläsern
Höchststufe	optimal (dt. beste), maximal (dt. grösste), perfekt (dt. vollendet)
verstärkt durch andere Wörter	tropfnass, grundehrlich, blitzblank

Steigerung bei Kombinationen von zwei Adjektiven und Partizipien

eine viel gelesene Zeitung	→ die meistgelesene Zeitung
ein gut eingerichteter Betrieb	→ der besteingerichtete Betrieb
schwerwiegende Vorwürfe	→ die schwerstwiegenden oder schwerwiegendsten Vorwürfe

Bei solchen Kombinationen dürfen nicht beide Teile gesteigert werden.
Auch eine Fügung mit «am» ist möglich: die am schwersten wiegenden Vorwürfe.

Vergleiche mit «wie» und «als»

Beim Vergleich im Positiv verwendet man das Wort «wie»: Die Fahrt dauerte **so lange wie** gestern.
Beim Vergleich im Komparativ verwendet man das Wort «als»: Die Fahrt dauerte **länger als** gestern.

Grammatik und Sprachempfinden

Nicht immer sind Steigerungsformen eindeutig: Herr Weiss ist ein alter Mann. Herr Gerber ist ein älterer Mann. Rein grammatikalisch gesehen müsste Herr Gerber älter sein als Herr Weiss. Doch unser Sprachgefühl sagt uns, dass ein «alter Mann» älter ist als ein «älterer Mann».

Übung 1

Ergänzen Sie die fehlenden Formen.

Positiv	Komparativ	Superlativ
....	....	die ältesten
....	höher	....
laut	....	....
....	flacher	....
....	....	die meisten

Übung 2

Setzen Sie, wo möglich, die Komparativform.

ein	(interessiert)	....	Zuhörer
ein	(einig)	....	Paar
ein	(blau)	....	Himmel
ein	(klug)	....	Mädchen

Übung 3

Setzen Sie, wo möglich, die Superlativform.

das	(überraschend)	....	Ergebnis
der	(eiskalt)	....	Winter
die	(trocken)	....	Jahreszeit
der	(vielbeachtet)	....	Roman
die	(gegenseitig)	....	Abmachung

Übung 4

Verbessern Sie die falschen Steigerungsformen.

4.1 Dieses Gebäck kann minimalste Spuren von Haselnüssen enthalten.
4.2 Das Hotel befindet sich an zentralster Lage, in der Nähe der bekanntesten Modegeschäfte.
4.3 Je älter er wurde, desto silbriger wirkte sein Haar.
4.4 Ein leichtgläubigerer Mensch wäre auf den Betrug hereingefallen.
4.5 Von einer Altbauwohnung kann man keinen rechtwinkligeren Grundriss erwarten.
4.6 Nach Abfahrt des letzten Zuges war unsere einzigste Möglichkeit, ein Taxi zu rufen.

Übung 5

Vergleichen Sie die Länder anhand der statistischen Angaben.
Beispiel: Die Einwohnerzahl der Schweiz ist am geringsten. Die Schweiz ist dichter besiedelt als Frankreich.
Deutschland hat am meisten Einwohnerinnen und Einwohner.

	Schweiz	Deutschland	Frankreich	Italien
Einwohner/innen in 1000	7 539	82 218	63 614	59 619
Einwohner/innen je km²	184	230	101	196
Ausländeranteil in % der Bevölkerung	21,1	8,8	5,8	5,8
Internetzugang der Haushalte in %	70	71	49	43
Personenwagen je 1000 Einwohner	525	566	490	600
Arbeitslosenquote, gemäss internationaler Definition	3,4	7,5	7,8	6,7
Wöchentliche Arbeitszeit (in Stunden)	41,7	40,4	39,3	39,3

Quelle: Taschenstatistik der Schweiz 2010, Bundesamt für Statistik

Übersicht

Pronomen treten als Begleiter oder als Stellvertreter des Nomens auf: *Mein* Nachbar arbeitet in der Stadt. *Er* pendelt mit dem öffentlichen Verkehr. In der Regel sind Pronomen deklinierbar, d. h., sie können in die Fälle gesetzt werden: Ich sehe *ihn* jeden Morgen auf dem Weg zum Bahnhof. Gestern habe ich *ihm* zugewinkt («ihn» und «ihm» sind deklinierte Formen von «er»).

Nach ihrer Aufgabe im Satz werden Pronomen in zehn Untergruppen eingeteilt. Manche Formen kommen in mehr als einer Untergruppe vor. Das Wort **die** beispielsweise kann je nach Kontext sowohl Demonstrativpronomen, bestimmter Artikel als auch Relativpronomen sein.

Beispiel:
Welches ist Ihre Jacke? **Die** dort auf dem Bügel. → **Demonstrativpronomen**
Die Zeit vergeht wie im Flug. → **bestimmter Artikel**
Die Antwort, **die** mir spontan eingefallen war, traf zu. → **Relativpronomen**

Personalpronomen

ich	mir	mich
du	dir	dich
wir	uns	
ihr	euch	
er	ihm	ihn
sie	ihr	sie
es	ihm	es
sie	ihnen	sie

Reflexivpronomen

mir	mich
dir	dich
uns	
euch	
sich	
einander	

Possessivpronomen

mein
dein
unser
euer
sein
ihr
sein
ihr

Demonstrativpronomen

dieser
jener
derselbe
derjenige
solcher

der, die, das

Interrogativpronomen

wer, was
welcher
was für (ein)

Bestimmter Artikel

der, die, das

Relativpronomen

wer, was
welcher

der, die, das

Bestimmtes Zahlpronomen

ein, eine, ein
zwei, drei, vier …
zehn, elf, zwölf …
zwanzig, dreissig …
einunddreissig …
hundert …
tausend …
hunderttausend
999 999

Unbestimmter Artikel

ein, eine, ein

man	irgendein
jedermann	irgendwelche
jemand	kein
niemand	alle
nichts	sämtliche
etwas	beide

Indefinitpronomen

ein, eine, ein
einige
etliche
manche
allerlei
mancherlei
dreierlei
ein bisschen — unsereiner
ein wenig — deinesgleichen
ein paar — genug

Aus: Walter Heuer, *Richtiges Deutsch,* 29. Auflage 2010, NZZ-Verlag

Übung 1

Unterstreichen Sie alle Pronomen.

Home Office ist in der Arbeitswelt seit Jahren ein Thema. Was sind die Vorteile dieser Arbeitsform? Sämtliche Mitarbeitenden können ihre Arbeitszeit flexibel gestalten, ersparen sich nervenaufreibendes Pendeln und sind durch das Vertrauen, welches ihnen Vorgesetzte entgegenbringen, motivierter und produktiver. Frauen und Männer, die auch zu Hause arbeiten, erhöhen ihre Lebensqualität, indem sie Beruf, Familie und Freizeit besser unter einen Hut bringen. Und die Unternehmen sparen aufgrund der erhöhten Produktivität solcher Angestellten Kosten.

Übung 2

Bestimmen Sie die farbigen Pronomen.

Home Office, **welches** .... in **der** .... Schweiz ständig an Verbreitung gewinnt, ist bei vielen Mitarbeitenden beliebt. **Zwei** .... Drittel **der** .... Beschäftigten würden gerne **einen** .... oder **mehrere** .... Tage zu Hause bleiben, nur **23** .... Prozent können **die** .... Telearbeit aber nutzen. In **den** .... letzten **zehn** .... Jahren hat **sich** .... **dieser** .... Anteil allerdings verdoppelt. **Der** .... erste nationale Home Office Day, **der** .... im Mai **dieses** .... Jahres durchgeführt wurde, konnte auf **eine** .... breite Trägerschaft zählen. **Die** .... Organisatoren **jenes** .... Anlasses motivierten Unternehmen, **ihren** .... Angestellten regelmässig **einen** ....Tag Arbeit von zu Hause aus zu ermöglichen.

Übung 3

Unterstreichen Sie alle Pronomen und bestimmen Sie diese genau.

In vielen Berufen spielt es dank Internet und Mail keine Rolle mehr, wo wir arbeiten. Wir sind erreichbar – jederzeit, überall. Es wird in jeder freien Minute gearbeitet, die Laptops sind immer aufgeklappt. Diese zunehmende Arbeitsweise stellt neue Anforderungen an Unternehmen und Mitarbeitende. Eine Professorin, die sich seit Jahren mit Home Office beschäftigt, sagt: «Der Koordinationsaufwand nimmt auf jeden Fall zu, grundsätzlich sind aber viele Unternehmen gegenüber der Arbeit zu Hause aufgeschlossen.»

Übung 4

Setzen Sie die Pronomen im richtigen Fall ein und bestimmen Sie diese.

Ob in .... Firma Home Office möglich ist, hängt auch von der Unternehmenskultur ab. In vielen Betrieben ist .... seit Langem gang und gäbe, dass die Mitarbeitenden auch zu Hause arbeiten. .... zählt, ist das Arbeitsergebnis. Bei .... Firmen, ... Home Office Days eingeführt haben, hat .... dies auf das Arbeitsklima ausgewirkt. Die Angestellten .... grossen Computerherstellers arbeiten im Durchschnitt zwei Tage pro Woche zu Hause. In einer Befragung gaben 67 Prozent von .... an, dass .... Arbeitsqualität gestiegen sei. Es ist nicht einzusehen, warum .... auch heute noch .... gleichzeitig in bestimmten Gebäuden aufhalten müssen, in .... dann .... für sich allein den grössten Teil des Tages vor .... Computer verbringt. .... Organisation des Arbeitsalltags stammt noch aus der Zeit der Industriearbeit.

Gebrauch

Die Kenntnis der Untergruppen der Pronomen trägt zu einer guten grammatikalischen Wissensbasis bei. Will man korrekt schreiben und sprechen, muss man zusätzlich mit den Besonderheiten einiger dieser Untergruppen vertraut sein.

Personalpronomen

Das Personalpronomen erfüllt unter anderem eine wichtige Funktion als Anredepronomen. Dabei wird zwischen den Formen des Duzens und denjenigen der höflichen Anrede unterschieden.
Die Anrede per Du schreibt man im Allgemeinen klein (du, dein, dir usw.). Grossschreibung ist jedoch auch möglich (Du, Dein, Dir usw. in Briefen und E-Mails). Bei der höflichen Anrede müssen die Pronomen immer grossgeschrieben werden (Sie, Ihr, Ihnen usw.; siehe Seite 84).

Relativpronomen

	Nominativ	**Akkusativ**	**Dativ**	**Genitiv**
der Mann,	der/welcher	den/welchen	dem/welchem	dessen
die Frau,	die/welche	die/welche	der/welcher	deren
das Kind,	das/welches	das/welches	dem/welchem	dessen
die Leute,	die/welche	die/welche	denen/welchen	deren
	dort wartet/n	**ich traf**	**ich helfe**	**Portemonnaie ich fand**

(Im Genitiv ist **welch-** nicht möglich.)

> In der Mundart verwendet man als Relativpronomen für alle drei Geschlechter das Wort **wo**, welches nicht dekliniert werden kann. Die Formen der standardsprachlichen Relativpronomen erfordern daher besondere Aufmerksamkeit.
> Zwischen der Aussprache des Relativpronomens **das** und der Konjunktion **dass** hört man keinen Unterschied. Ausserdem stehen im schriftlichen Sprachgebrauch beide Wörter oft nach einem Komma. Folgende Regel hilft, Rechtschreibfehler zu vermeiden:
> Wenn sich **das(s?)** durch **welches** ersetzen lässt, ist es ein Relativpronomen und wird nur mit einem s geschrieben.
> Relativpronomen nehmen zusätzlich eine wichtige Funktion im Relativ-Nebensatz ein. Mehr dazu auf Seite 106.

Interrogativpronomen

> Das Interrogativpronomen **wer** (wen, wem, wessen) fragt nach Personen; das Pronomen **was** (was, was, wessen) fragt nach Dingen. Nicht alle Fragewörter sind Pronomen. Wörter wie **wo**, **wann**, **wie**, **warum**, **wozu**, **womit**, **worauf** gehören zu den Adverbien.
> Aus **wo/wor-** zusammengesetzte Adverbien wirken stilistisch besser als Präpositionen mit Interrogativpronomen. Beispiele: Womit befasst du dich? (statt: Mit was). Woraus besteht dieses Material? (statt: Aus was).

Indefinitpronomen

> Die Gruppe der Indefinitpronomen enthält Wörter, die nicht mit Fallendungen versehen werden können (nichts, etwas, ein bisschen, ein wenig, ein paar, allerlei, mancherlei, dreierlei, genug).
> Das Indefinitpronomen **man** kommt nur im Nominativ vor. Im Akkusativ verwendet man die Form **einen**, im Dativ die Form **einem**.

Übung 1

Setzen Sie die fehlenden Pronomen ein. Verwenden Sie Formen von «du» und «ihr».

Möchtest .... ein neues Lebensgefühl entdecken? Möbliere .... Wohnung nach .... persönlichen Bedürfnissen. Liebst .... die Stille oder liegt .... an geselligen Runden in .... Heim? Wir werden für .... die geeignete Lösung finden. Lebt .... zu zweit, als Wohngemeinschaft oder Familie? In einem unverbindlichen Beratungsgespräch helfen wir ...., ... Vorstellungen umzusetzen. Bald werdet .... staunen, was in .... vier Wänden möglich ist.

Übung 2

Setzen Sie die fehlenden Pronomen in der Höflichkeitsform ein.

Wenn .... von unserem Angebot profitieren wollen, benötigen wir .... Namen, Angaben zu .... Wohnort und .... E-Mail-Adresse sowie die Nummer .... Bankkontos. Füllen .... bitte das Formular aus und setzen .... Unterschrift auf die Linie neben dem Datum. Schicken .... Unterlagen noch heute ab. Wir werden uns so schnell wie möglich mit .... in Verbindung setzen. Wir freuen uns, ... in Zukunft zu unserem Kundenkreis zählen zu dürfen.

Übung 3

Setzen Sie die fehlenden Relativpronomen ein.

3.1 Vor dem Gebäude standen Menschen, ... man ansah, dass sie zu einer Gruppe gehörten.

3.2 Die Rednerin, wegen .... Referat der Saal voll war, erfüllte alle Erwartungen.

3.3 Ihre Untersuchungen beschäftigen sich mit manchem, ... unser Land betrifft.

3.4 Sie ist eine Person, ... man vertrauen kann.

3.5 Ihre Gedanken sind das Klügste, ... ich bisher zu diesem Thema gehört habe.

Übung 4

«Das» oder «dass»?

4.1 In der Altstadt befindet sich ein Museum, ... ich allen empfehlen kann.

4.2 Dieses Gebäude ist das einzige, ... noch nicht renoviert ist.

4.3 Erwartete das Komitee, ... sich mehr Freiwillige meldeten?

4.4 Psychologen stellen fest, ... Verbote oft provozierend wirken.

4.5 Langes Nachdenken, ... alles hätte anders kommen können, ist sinnlos.

4.6 Ein Foto, ... im Pass zugelassen werden soll, muss verschiedene Bedingungen erfüllen.

Übung 5

Korrigieren Sie die Fehler.

5.1 Ich habe noch so viel zu tun; mit was soll ich bloss anfangen? ....

5.2 Laute Klingeltöne stören einem, wenn man sich konzentrieren will. ....

5.3 Können Sie mir sagen, woher Eure Informationen stammen? ....

5.4 Alles, das er dazu sagen konnte, war, dass er noch Zeit brauchte. ....

5.5 Das ist der Gedanke, wo ich zuletzt darauf gekommen wäre. ....

5.6 Wem sein Angebot bevorzugst du? Das der Post oder dasjenige der Bank? ....

Adverb

Adverbien gehören zu den Partikeln und sind unveränderbar. Da die Partikelgruppe sehr verschiedene Wörter umfasst, werden die einzelnen Untergruppen oft nach dem Ausschlussverfahren ermittelt. Das heisst, wenn eine Partikel keine Präposition, Konjunktion oder Interjektion ist, muss es sich um ein Adverb handeln. Adverbien geben die näheren Umstände eines Geschehens an.

Grundarten des Adverbs

Adverb	Kontrollfrage	Beispiel
des Ortes	wo? woher? wohin?	draussen, überall, da, dort, oben, unten
der Zeit	wann? wie oft?	sofort, heute, nie, oft, dreimal, vorher, immer
der Art und Weise	wie?	möglicherweise, leider, nicht, nur, kaum, fast
des Grundes	warum?	nämlich, deshalb, dadurch, folglich, demzufolge

Manche Adverbien werden wie Adjektive verwendet.
> steigerbare Adverbien:
  Gestern fühlte ich mich wohl, viel wohler als neulich. Heute fühle ich mich am wohlsten.
  Sie möchte gerne Ferien machen. Lieber zwei Wochen als eine; am liebsten im Herbst.
> Wörter wie super oder extra im mündlichen Sprachgebrauch:
  ein super Auftrag, seine extra Kletterjacke
  Schriftlich korrekt ist: eine Superidee, seine Extrakletterjacke

Wörter wie **wohl** oder **gerne** lassen sich jedoch nicht deklinieren oder mit Deklinationsendungen versehen. Als Test kann man sie zwischen Artikel und Nomen stellen: der wohle Kunde, das gerne Essen. Diese Formulierungen sind nicht möglich, also handelt es sich bei den eingefügten Wörtern um Adverbien.
Adjektive können attributiv oder adverbial verwendet werden: Der **schöne** Gesang (schöne → attributiv verwendetes Adjektiv). Er singt **schön** (schön → adverbial verwendetes Adjektiv).

Unterscheidung zwischen Adverb, Konjunktion, Präposition

Bei der genaueren Bestimmung der Partikeln muss beachtet werden, dass es Partikeln gibt, die je nach Funktion mehr als einer der Unterarten zugeordnet werden können.

Beispiel	Funktion	Partikel
Deine Brieftasche liegt **da**.	bezeichnet einen Ort	Adverb
Ich ging zur Bank, **da** ich Geld benötigte.	verbindet Haupt- und Nebensatz	Konjunktion
Er arbeitet **gegen** neun Stunden pro Tag.	beschreibt das Zahlpronomen	Adverb
Ich lehnte mich **gegen** die Wand.	verlangt einen Fall	Präposition

Hinweis: Es gibt eine Anzahl von Adverbien, die Konjunktionen ähneln.
ausserdem, dann, desgleichen, ebenso, endlich, zudem, allein, allerdings, dagegen, dennoch, doch, gleichwohl, hingegen, jedoch, sonst, mehr, daher, darum, deshalb, deswegen, also, folglich, somit, währenddem

Die Interjektion als weitere Unterart der Partikeln

Interjektionen sind Wörter, die ausserhalb von vollständigen Sätzen stehen und im Prinzip selbstständige Äusserungen darstellen. Dazu zählen Wörter wie **ja**, **danke**, **hallo**, **psst** (Interjektionen im Gespräch), **ach**, **hm**, **hahaha** (Interjektionen als Ausdrücke von Empfindungen), **miau**, **peng** (Tier- und Geräuschnachahmungen).

Übung 1

Unterstreichen und bestimmen Sie alle Adverbien.

Nach seinem unerwartet hohen Gewinn wurde ein Lottomillionär ständig nach seinen Plänen befragt. Er sagte, er sei grundsätzlich ein eher bescheidener Mensch. Daher wolle er nun höchstens eine etwas grössere Wohnung mieten und ansonsten gerne so weiterleben wie bisher. Da sich der Mann durch seine Millionen auch tatsächlich nicht von seinem gewohnten Lebensstil abbringen liess, wurde es bald wieder still um ihn.

Übung 2

Schreiben Sie je drei Beispiele für die verlangten Adverbien.

Adverb des Ortes	Ich lebe seit zwei Monaten .... / .... / ....
Adverb der Zeit	Sie hat .... / .... / .... ihre Meinung gesagt.
Adverb der Art und Weise	Wir mögen dieses Wetter .... / .... / ....
Adverb des Grundes	Hast du .... / .... / .... ein neues Auto gekauft?

Übung 3

Schreiben Sie kurze Sätze mit den gegebenen Adverbien.

vorher ....

zuvor ....

unlängst ....

sogleich ....

Übung 4

Kombinieren Sie die Adverbien bzw. die adverbial verwendeten Adjektive mit den Verben zu geläufigen Ausdrücken.

glimpflich / **rundweg** / **dingfest** / **überspitzt** / **betreten** / **umsichtig**

....	machen	....	ablehnen
....	davonkommen	....	planen
....	formulieren	....	schweigen

Übung 5

Schreiben Sie die farbig gedruckten Adverbien bzw. die adverbial verwendeten Adjektive stilistisch besser.
Beispiel: **brutal** schwierig → **äusserst** schwierig

voll glücklich →	.... glücklich	**wahnsinnig** beeindruckt →	.... beeindruckt
total schön →	.... schön	**grausam** enttäuscht →	.... enttäuscht
mega spannend →	.... spannend	**super** ausgerüstet →	.... ausgerüstet

Übung 6

Ergänzen Sie gemäss dem Beispiel «Unsere Reise war…» in der linken Spalte die fehlenden Zwischenstufen.

Unsere Reise war …	Dieser Zug ist …	Er wird die Prüfung …	Die Aufgabe wurde …
sagenhaft	**nie**	**keinesfalls**	**hervorragend**
ausgesprochen	....	....	....
sehr	....	....	....
ziemlich	....	....	....
nicht beeindruckend.	**stets** pünktlich.	**garantiert** bestehen.	**miserabel** gelöst.

Konjunktion

Konjunktionen verbinden Wörter, Wortgruppen, Sätze und Teilsätze. In diesen Verbindungen werden verschiedene logische Beziehungen ausgedrückt, so etwa Anreihungen («und», «auch», «sowie» …), Ausschlüsse («oder», «aber» …), Vergleiche («als», «wie» …), Begründungen («denn», «weil» …) und zeitliche Bezüge («bevor», «bis», «nachdem», «während» …).

Doppelkonjunktionen

Konjunktionen können einzeln oder als Doppelkonjunktionen auftreten. Bei einer Feststellung wie «Ich habe zwar keine Zeit» ist der Satz noch nicht abgeschlossen; man erwartet eine Fortsetzung mit «aber». Ebenso verhält es sich mit den Konjunktionen **sowohl … als auch**, **weder … noch**, **nicht nur … sondern auch**, **entweder … oder**. Doppelkonjunktionen funktionieren nur als feste Kombinationen; dem ersten Teil muss also der zweite folgen.

Beiordnende und unterordnende Konjunktionen

Unabhängig von ihrem Inhalt unterscheidet man zwei Gruppen von Konjunktionen, nämlich beiordnende und unterordnende Konjunktionen.

Beiordnende Konjunktionen Diese verbinden grammatisch gleichrangige Teile.	Beispiele
einzelne Wörter: Pro und Kontra; Pflanzen benötigen Wasser sowie Licht.	und, auch, sowie, sowohl … als auch, weder … noch, nicht nur … sondern auch, oder, aber, doch, statt, ausser, nämlich, wie, als, denn …
Wortgruppen, gleichrangige Satzteile: eine leichte Wanderung oder ein kulturelles Ereignis Wir verlangten nach der Karte und baten um eine Empfehlung.	
Hauptsätze: Der Mann beeilte sich, denn es war schon zehn vor acht. Heute möchte er früher nach Hause gehen, aber er muss zuerst die Chefin fragen.	

Unterordnende Konjunktionen Diese verbinden Nebensätze mit dem übergeordneten Satz.	Beispiele
Verbindung Nebensatz mit Hauptsatz: Es freut mich, wenn du mir hilfst. Es freut mich, dass du uns hilfst.	dass, ob, wenn, weil, da, obwohl, nachdem, als, seit, falls, damit, ohne dass …

An der Konjunktion kann die Art der Beziehung des Nebensatzes zum Hauptsatz abgelesen werden.
Nebensätze, welche durch Konjunktionen eingeleitet werden, heissen Konjunktionalsätze (siehe auch Kapitel «Konjunktionalsatz», Seite 108).

Hinweis: Die Konjunktion **dass** leitet einen Nebensatz (Konjunktionalsatz) ein und ist nicht zu verwechseln mit dem Pronomen **das** (siehe Kapitel «Pronomen: Gebrauch», Seite 68).
In der Mundart wird **dass** auch verwendet, um einen Zweck auszudrücken: «Sit ruhig, dass niemer verwachet.» Standardsprache: «Seid ruhig, damit niemand erwacht.»
Gewisse Wörter können sowohl Konjunktion als auch Präposition sein: **Während** sie nach Zürich fuhren, …/**Während** der Fahrt nach Zürich …

Übung 1

Unterstreichen Sie die Konjunktionen.

Mit den Pflanzen ist es wie mit den Menschen: Wenn man nur weit genug zurückschaut, sind alle Ausländer. Selbst die Alpen sind fast ausschliesslich von Einwanderern besiedelt. Als sie sich vor 25 bis 35 Millionen Jahren auffalteten, bekamen sie Zustrom von älteren Gebirgen: Alpenrose, Enzian und Margerite etwa wanderten aus anderen Gebieten in die Alpen ein.

Das prägendste Ereignis vor dem Auftreten des Menschen waren die Eiszeiten. Für die Tiere und Pflanzen bedeuteten sie eine Katastrophe, denn sechzig Millionen Jahre lang war es stabil warm gewesen. Nachdem vor zwei Millionen Jahren plötzlich die Gletscher vorgerückt waren, folgte ein Hin und Her zwischen langen Kalt- und kurzen Warmzeiten, bis die vorläufig letzte Kaltzeit vor 12 000 Jahren zu Ende ging.

Übung 2

Setzen Sie passende Konjunktionen ein.

2.1 .... du morgen Zeit hast, können wir uns auf einen Kaffee treffen.

2.2 Ich legte am Abend alles bereit, ... ich am nächsten Tag nicht suchen musste.

2.3 Versuche das Problem selbst zu lösen, ... du jemanden um Hilfe bittest.

2.4 .... man sich erinnert, hat es hier eine Brücke gegeben.

2.5 Sie wollen wissen, ... die Ausstellung auch montags geöffnet ist.

2.6 Wir müssen so lange warten, ... wir alle Informationen eingeholt haben.

Übung 3

Ergänzen Sie die Sätze.

3.1 Die Zahlung erfolgt entweder per Einzahlungsschein ....

3.2 Als Ausweis gilt manchmal nicht nur die Identitätskarte, ...

3.3 Vor einer grossen Prüfung ist es von Vorteil, sowohl systematisch zu lernen ....

3.4 Fahrradhelme sind zwar nicht gesetzlich vorgeschrieben, ...

3.5 Als Besitzerin eines Handys brauche ich weder eine Armbanduhr ....

3.6 Je öfter ein Läufer trainiert, ...

Übung 4

Bilden Sie Satzverbindungen (Hauptsatz – Hauptsatz, HS – HS) oder Satzgefüge (Hauptsatz – Nebensatz, HS – NS).

4.1 Ich kann heute keine E-Mails empfangen. Mein Server hat ein Problem. Begründend:
    HS – HS   Ich kann heute keine E-Mails empfangen, ...
    HS – NS   Ich kann heute keine E-Mails empfangen, ...

4.2 Ich danke für die Einladung. Ich mag solche Anlässe nicht. Entgegensetzend:
    HS – HS   Ich danke für die Einladung, ...
    HS – NS   Ich danke für die Einladung, ...

Übung 5

In jedem Satz steckt ein Fehler. Verbessern Sie.

5.1 Der Tourist kannte weder den Namen oder die Adresse seines Hotels.

5.2 Viele Berufsleute besuchen Kurse, dass sie immer auf dem neusten Stand sind.

5.3 Nachdem wir viele Anmeldungen haben, brauchen wir einen grösseren Reisebus.

5.4 Trotz dass er sich alle Mühe gab, erreichte er das Ziel leider nicht.

Präposition

Präpositionen drücken Verhältnisse und Beziehungen zwischen Wörtern aus. Welchen grossen Bedeutungsunterschied eine einzige Präposition haben kann, machen folgende beide Sätze deutlich: Ich stimme *für* die Volksinitiative – Ich stimme *gegen* die Volksinitiative. Präpositionen prägen nicht nur den Inhalt einer Aussage, sondern bestimmen auch den Fall des Nomens, bei dem die Präposition steht.

Stellung

Die meisten Präpositionen stehen vor dem abhängigen Wort oder der Wortgruppe. Manche sind aber auch nachgestellt (der Einfachheit halber) und manchmal wird ein Ausdruck umklammert (um des Friedens willen).

Hinweis: Ab und zu werden Präpositionen mit dem bestimmten sächlichen oder männlichen Artikel in einem Wort geschrieben: in dem → im, durch das → durchs. Trotz dieser «Verschmelzung» werden solche Wörter den Präpositionen zugeteilt. Man setzt in solchen Fällen keinen Apostroph.

Präpositionen und ihre Fälle

Die meisten Präpositionen verlangen den Genitiv. Dieser wird oft durch ein Adjektiv oder ein Pronomen vor dem Nomen kenntlich gemacht (mangels ausreichender Beweise, zugunsten der Firma und des Teams). Wenn ein fallanzeigendes Wort fehlt, wird auf den Dativ (mangels Beweisen) oder eine Fügung mit **von + Dativ** ausgewichen (zugunsten von Firma und Team).

Ferner gibt es gleichlautende Präpositionen mit räumlicher Bedeutung, die dem nachfolgenden Nomen verschiedene Fälle zuweisen. Solche Präpositionen verlangen den Dativ, wenn sie eine Lage ausdrücken (Das Buch liegt auf **dem** Tisch → Frage: **Wo?**), und den Akkusativ, wenn sie eine Richtung angeben (Wir legen das Buch auf **den** Tisch → Frage: **Wohin?**).

Präpositionen verlangen nie den Nominativ. Bei einigen Präpositionen kann mehr als ein Fall stehen. Im Zweifelsfall gibt das Wörterbuch Auskunft darüber, welchen Fall eine Präposition verlangt.

Präpositionen mit dem Genitiv	Präpositionen mit dem Dativ	Präpositionen mit dem Akkusativ
abseits, abzüglich, angesichts, anhand, anlässlich, (an)statt, anstelle, aufgrund, ausserhalb/innerhalb, bezüglich, diesseits/jenseits, eingangs, einschliesslich, exklusive/inklusive, … halber, infolge, inmitten, kraft, links/rechts, mangels, nördlich/südlich/östlich/westlich, oberhalb/unterhalb, seitlich, um … willen, unfern, ungeachtet, unweit, von … wegen, während, wegen/… wegen, zeit, zufolge, zu(un)gunsten, zuhanden, zulasten, zuzüglich	ab, aus, bei, entgegen/… entgegen, entsprechend/… entsprechend, fern, gegenüber/… gegenüber, gemäss/… gemäss, mit, mitsamt, nach/… nach, nahe, nebst, samt, seit, von, von …an/auf/aus/her, zu/… zu, … zufolge, … zu(un)gunsten, … zuliebe	bis, betreffend, durch, für/gegen, je, ohne, per, pro, um, wider
ausser, binnen, entlang, längs, innert, dank, laut, trotz	ausser, binnen, entlang, längs, innert, dank, laut, trotz	
Diese Präpositionen verlangen standardsprachlich den Genitiv; der Dativ ist jedoch umgangssprachlich akzeptiert. Beispiele: während der Sommerferien/während den Sommerfreien; wegen des schlechten Wetters/wegen dem schlechten Wetter.	an, auf, … entlang, in, hinter, neben, über, unter, vor, zwischen	an, auf, … entlang, in, hinter, neben, über, unter, vor, zwischen

Übung 1

Unterscheiden Sie zwischen Präpositionen (P) und Konjunktionen (K).

1.1 Die Ortsansässigen wissen seit (.......) einem Monat, dass eingangs (.......) der Stadt ein neues Einkaufszentrum gebaut wird.

1.2 Aussagen der Polizei gemäss (.......) ist der Brand während (.......) der Nacht auf (.......) den Samstag ausgebrochen, als (.......) sich keine Menschen mehr im (.......) Gebäude befanden.

1.3 Die Angestellten auf (.......) dem Sekretariat sind angehalten, sich gegenüber (.......) Kundinnen und Kunden stets entgegenkommend zu verhalten.

1.4 Manche Verkehrsteilnehmer werden wegen (.......) kleiner Vergehen gebüsst, während (.......) andere ohne (.......) Probleme davonkommen.

Übung 2

Unterstreichen Sie die korrekte Präposition.

2.1 Die Athletin ringt beim Interview noch an/bei/nach/mit Atem.
2.2 Die Schulleitung befindet bei/über/an/wider Urlaubsgesuche.
2.3 Er bewirbt sich bei/auf/um/für eine Stelle im Informatikbereich.
2.4 Manche Konsumenten spekulieren mit/auf/zu/durch Preissenkungen im Ausverkauf.
2.5 Zahlreiche Plakate werben für/auf/um/über den neuen Freizeitpark.
2.6 Zwei Unternehmungen ringen über/um/nach/für die führende Marktposition.

Übung 3

Ergänzen Sie Wörter und Endungen.

3.1 Er besteht .... sein....... Forderung.

3.2 Sie zeigen Interesse .... ein....... Zusammenkunft.

3.3 Unsere Telefonberatung ist Dienst .... Kund.......

3.4 Der Vorstand ist gleichgültig .... jeglich....... Kritik.

3.5 Dies ist die Einladung .... unser....... Eröffnungsfeier.

3.6 Ich interessiere mich .... Ihr neu....... Projekt.

3.7 Der Bedarf .... Computer....... ist in dieser Abteilung gedeckt.

3.8 Wir setzen Vertrauen .... all unser....... Partner.

Übung 4

Schreiben Sie Sätze mit den unten stehenden Präpositionen. Drücken Sie einmal eine Lage (Dativ) und einmal eine Richtung (Akkusativ) aus.

	Lage	**Richtung**
hinter	Er versteckt sich hinter der Zeitung.	Der Verkäufer ging hinter den Ladentisch.
an		
auf		
vor		
in		

Übung 5

Übersetzen Sie in die Standardsprache.

5.1 währed em Fescht ....
5.2 inne am Kreis ....
5.3 uf dere Site vom Tal ....
5.4 statt emne Brief ....
5.5 wägem Räge ....
5.6 nid wit vom Huus ....

Rechtschreibung

Einführung	**78**
Vokale, Umlaute, Doppellaute	**80**
Konsonanten	**82**
Grossschreibung	**84**
Kleinschreibung	**86**
Getrennt- und Zusammenschreibung	**88**

Einführung

Können Sie recht schreiben? Oder heisst es «rechtschreiben» oder sogar «Recht schreiben»? Damit sind wir mitten im Thema. Die deutsche Rechtschreibung ist ein kompliziertes Regelwerk, das kaum jemand ohne Hilfe von Nachschlagewerken durchschaut. Konsultieren wir also für das vorliegende Rechtschreibproblem den «Schweizer Schülerduden». Unter dem Stichwort «rechtschreiben» finden wir: «er kann nicht rechtschreiben (er beherrscht die Rechtschreibung nicht); ABER: recht schreiben; er kann nicht recht schreiben (er schreibt unbeholfen).» – Die Schreibweise hängt in diesem Fall also von der Bedeutung ab. Da sich die eingangs gestellte Frage auf die Beherrschung der Rechtschreibung bezieht, heisst es: «Können Sie rechtschreiben?»

Wie sattelfest sind Sie?

Testen Sie mit der folgenden kurzen Übung Ihre Kenntnisse der deutschen Rechtschreibung. Kreuzen Sie die korrekte Form an.

	A	B		A	B
1.	☐ radfahren	☐ Rad fahren	11.	☐ dasein	☐ da sein
2.	☐ zugunsten	☐ zu Gunsten	12.	☐ irgend etwas	☐ irgendetwas
3.	☐ etwas anderes	☐ etwas Anderes	13.	☐ Galerie	☐ Gallerie
4.	☐ Standart	☐ Standard	14.	☐ seelig	☐ selig
5.	☐ am besten	☐ am Besten	15.	☐ im Allgemeinen	☐ im allgemeinen
6.	☐ spüren	☐ spühren	16.	☐ 30-er-Jahre	☐ 30er-Jahre
7.	☐ zusehens	☐ zusehends	17.	☐ im voraus	☐ im Voraus
8.	☐ Annullation	☐ Annulation	18.	☐ Rhetorik	☐ Rethorik
9.	☐ eigentlich	☐ eigendlich	19.	☐ totlangweilig	☐ todlangweilig
10.	☐ wiederspiegeln	☐ widerspiegeln	20.	☐ selbstständig	☐ selbständig

So vermeiden Sie Rechtschreibfehler

> Lesen Sie Ihren Text Wort für Wort aufmerksam durch. Konzentrieren Sie sich dabei nur auf die Schreibweise der Wörter.
> Lesen Sie den Text ein zweites Mal durch. Konzentrieren Sie sich diesmal auf die Sätze und die Zeichensetzung.
> Zoomen Sie am Computer die Seitengrösse auf 150 bis 200 Prozent. Wechseln Sie zudem die Schrift, etwa von Arial zu Times New Roman. Lesen Sie nun den Text aufmerksam durch. Sie werden so die bisher unentdeckten Fehler eher finden.
> Geben Sie wichtige Texte wie etwa ein Bewerbungsschreiben immer anderen Personen zur Kontrolle.
> Prägen Sie sich bestimmte Wortbilder ein (Rhythmus, Annullation, Standard).
> Suchen Sie nach verwandten Wörtern (Nachnahme – er nahm; Nachname – der Name).
> Achten Sie auf die Wortbedeutung (wieder = nochmals; wider = gegen).
> Sprechen Sie deutlich und hören Sie genau zu (alarmieren, nicht alamieren; infizieren, nicht infiszieren).
> Schlagen Sie bei Unsicherheiten immer im Wörterbuch nach.
> Legen Sie eine Liste von Wörtern an, die Sie bis jetzt wiederholt falsch geschrieben haben. (Siehe Wörterliste im Anhang.)

Lösungen Rechtschreibtest: 1B, 2A und B, 3A und B, 4B, 5A, 6A, 7B, 8A, 9A, 10B, 11B, 12B, 13A, 14B, 15A, 16B, 17B, 18A, 19B, 20A und B

Übung 1

Diktieren Sie einander Wörter aus einem Rechtschreibewörterbuch. Kontrollieren Sie jeweils das geschriebene Wort sofort. Korrigieren Sie, wenn nötig.

Übung 2

Erstellen Sie eine Liste mit Wörtern. Bauen Sie bewusst kleine Fehler ein. Lassen Sie die Liste korrigieren. Verbessern Sie selber solche Übungen.

Übung 3

Das ist eine Liste mit 111 häufig vorkommenden Rechtschreibfehlern. Korrigieren Sie. Schlagen Sie bei Unsicherheit im Wörterbuch nach.

Addresse	Karrikatur	Sponsering
agressiv	Karrosserie	spühren
Akkustik	Karussel	Standart
am Besten	knieen	Strapatzen
a propos	Kommitee	subsummieren
Athmosphäre	kummulieren	Sunnyboy
Atrappe	Leidbild	symphatisch
authorisieren	Looser	Terasse
bestmöglichst	Lybien	totlangweilig
Bilett	Maschiene	tollerant
ein bischen	Matraze	Tripp
brilliant	Menue	Turbolenzen
deligieren	mittlerweilen	übrigends
detailiert	nähmlich	unentgeldlich
Dilletant	Nervösität	unentlich
dutzen	nichts desto trotz	unwiederruflich
eigendlich	Orginal	verherend
Elipse	Packet	verpöhnt
E-mail	padeln	Verwandschaft
Entgeld	paralell	vorallem
entgültig	Pinwand	wagrecht
Ergebniss	Preferenz	warnehmen
erwiedern	primitif	Wiederstand
Extase	projezieren	wiederspiegeln
Flopp	promt	Xantippe
fröhnen	Pupertät	Ying und Yang
Gallerie	Quartzuhr	Zenith
gallopieren	Radiuss	ziehmlich
Gedächnis	Reperaturen	Zilinder
gröhlen	Resourcen	zum voraus
Hacken	Rythmus	zusehens
(du) hälst	Schiffahrt	
Hecktik	Schlammassel	Wörter, die ich mir merken muss:
Herzlich Willkommen	schleiffen	
Hobbies	seelig	
Hompage	(ihr) seit	
infiszieren	seperat	
injezieren	sietzen	
intelektuell	sorgfälltig	
Interresse	spatzieren	

Denken Sie daran: Individuelle Wörterliste nachführen!

Vokale, Umlaute, Doppellaute

Auf dieser Doppelseite geht es um die Rechtschreibung von Wörtern, in denen die Schreibung der Vokale nicht eindeutig ist. Die Vokale werden unterteilt in die reinen Selbstlaute a/e/i/o/u, die Umlaute ä/ö/ü sowie die Doppel- oder Zwielaute ei/ai/au/äu/eu.

Lange und kurze Vokale

Achten Sie beim lauten Sprechen folgender Wörter auf die Länge bzw. Kürze des i-Lautes: Tiger, Spiel, Vieh/Hitze, Nichte. Man hört deutlich, dass die Vokallänge unterschiedlich ist. Bei den ersten drei Wörtern haben wir lang gesprochene Vokale, bei der zweiten Wortgruppe kurze Vokale. Man kann sich dabei nicht einfach auf das Schriftbild verlassen: So wird der lang gesprochene Vokal in der ersten Gruppe einmal mit **i** in Tiger, dann mit **ie** in Spiel und in Vieh mit **ieh** wiedergegeben.

Ein paar Regeln

1. Lang gesprochene Vokale können gekennzeichnet werden durch:
> **ie** (Dieb), **ieh** (fliehen), **ih** (ihnen)
> ein Dehnungs-h (Bahn, fahren, lahm, wohl, Uhr, Ehre …)
> Doppelvokale (Haare, Schnee, Zoo, leeren …)

Bei vielen Wörtern bleibt jedoch der lang gesprochene Vokal unbezeichnet:
Abend, Ton, Hut, Hase, Wüste, loben, rot, schade, klar, schwer, zuvor, nämlich, stören, holen, spüren, spülen, hören, gebären, grölen, frönen, sparen, erklären; sie froren

2. Wörter mit ä statt e:
Gämse (von Gams), Bändel (von Band), Stängel (von Stange), gräulich (von grau), schnäuzen (von Schnauz), behände (von Hand), belämmert (von Lamm)
Beide Schreibweisen sind möglich bei: aufwändig/aufwendig und Schänke/Schenke

3. Umlaute werden nie verdoppelt:
Saal/Säle; Haar/Härchen; Boot/Bötchen; Paar/Pärchen

4. Fremdwörter haben kein Dehnungs-h:
Hormon, Kamel, Problem, Kalkül, Portal

5. Nur wenige Wörter werden mit ai geschrieben:
Haifisch, Kaiser, Laie, Laib, Waise, Saite, Rain, Detail, detailliert, Mai, Mais

Merkwörter

wieder (Bedeutung: nochmals)	wider (Bedeutung: gegen)
das Lied (Gesang)	das Lid (am Auge)
die Miene (Gesichtsausdruck)	die Mine (Bergwerk, Sprengkörper, Schreibmine)
der Stiel (Besenstiel)	der Stil (Schreibstil, Kunststil)
die Wahl (jemanden wählen)	der Wal (Tier)
die Lehre (Berufslehre)	die Leere (das Nichts)
malen (ein Bild malen)	mahlen (Korn mahlen)
das Mahl (Essen)	das Denkmal (Statue)
die Nachnahme (Rechnung)	der Nachname (Familienname)
es ist wahr	es war spät
die Waage	der Wagen
der Staat	die Stadt
seelisch	selig
Leib (Körper)	Laib (Brot)
Seite (Buchseite)	Saite (Instrument)

Übung 1

Diktieren Sie einander folgende Wortpaare. Kontrollieren Sie jeweils das geschriebene Wort sofort. Korrigieren Sie, falls nötig.

bitten / bieten	Blumenbeet / Bettüberzug	wiederholen / widerlegen
Bisse / Bise	Miete / Mitte	Ureinwohner / Uhrzeiger
Band / Bändel	Bühne / Tribüne	spüren / fühlen
das Meer / etwas mehr	Stange / Stängel	Tiger / Tierreich
staatlich / stattlich	Schnauz / schnäuzen	zehren / zerren
rahmen / rammen	seelisch / selig	Stall / Stahl
gemalte Bilder / gemahlenes Korn	das Mienenspiel / die Tretmine	Qualen / Quallen
Kunststil / Besenstiel	das Volkslied / das Augenlid	Lamm / belämmert

Übung 2

Setzen Sie ein: i / ie / ih / ieh

F..........berkurve, Benz..........n, fl..........en, kap..........ren, Ant..........ke, Iron.........., Masch..........nen, ...nen, B..........bel, er g..........bt, s..........ben, sie empf..........lt, man verm..........d, Br..........se, z..........mlich, spaz..........ren, Law..........ne, F..........berglas, M..........te, ausg..........big, st..........lvoll, das Kn.........., sie schr..........n, er st..........lt, N..........sche, Tr..........b, Poes.........., qu..........tschen.

Übung 3

Setzen Sie ein: a / aa / ah; e / ee / eh; o / oo / oh; ä / ö / öh / ü / üh

Das P..........r, ein P..........rchen, sp..........ren, sp..........len, die Geb..........ren, die H..........le, die H..........lle, schw..........r, die Sch..........re, verh..........rend, der Thr..........n, st..........ren, schw..........l, bl..........en, die Bl..........te, das Schicks..........l, die Erdb..........ren, die Sandd..........ne, gr..........len, sich w..........ren, das M..........s

Übung 4

Wieder oder wider? – Schreiben Sie diese Wörter in die entsprechende Kolonne.
-legen, -beleben, -fahren, -gabe, -natürlich, -aufbau, -holen, -lich, -rechtlich, -rufen, -spenstig, -käuen, -stand, -willig, -sinnig, -wahl, -streben, -setzen, -um, -fordern

Wieder- / wieder- (nochmals)	Wider- / wider- (gegen)

Denken Sie daran: Individuelle Wörterliste nachführen!

Konsonanten

Bei Buchstabenkombinationen mit Konsonanten ist es nicht immer einfach, die korrekte Schreibweise herauszuhören, denn bestimmte Laute werden schriftlich unterschiedlich wiedergegeben. So gibt es für den x-Laut folgende Schreibweisen: Hexe, Ochse, klecksen, tagsüber, links. Am besten lernt man die richtige Schreibweise, indem man sich das Schriftbild einprägt. Ein paar hilfreiche Regeln gibt es dennoch.

Ein paar Regeln

1. Nach kurz gesprochenen Vokalen steht in der Regel ck und tz:
    > Zweck, Acker, Nacken, Bäcker, nicken, packen, decken, nackt, bedeckt ...
    > Platz, Katze, Mütze, ritzen, schmatzen, setzen, necken ...

2. Verdoppelungen von Konsonanten:
    > Wird der Stammvokal kurz ausgesprochen, wird der nachfolgende Konsonant verdoppelt: Mitte, Brett, Summe, Kappe, stellen, rennen, bitten, bissig, billig, herrlich ...
    > Bei vielen Fremdwörtern gibt es jedoch auch nach kurzen Vokalen keine Verdoppelung: Architekt, Fabrik, Fakten, strikt, Schokolade ...
    > Bei Mehrzahlformen kommt es zur Verdoppelung der Endkonsonanten: Geheimnis/Geheimnisse, Zirkus/Zirkusse, Bus/Busse, Freundin/Freundinnen ...
    > Bei einzelnen Fremdwörtern erscheint die Verdoppelung bei der Erweiterung des Wortes: Job/jobben, Pop/poppig, Jet/jetten, Chat/chatten, Shop/Shopping ...
    > Das scharf gesprochene Doppel-s steht:
    nach kurz gesprochenen Vokalen: Kasse, Gewissen, essen, wissen, massiv, bissig ...
    immer bei der Konjunktion «dass»: Ich verstehe nicht, dass das Haus abgebrochen wird.
    > Das Eszett (ß) in Wörtern wie Maßstab, Buße, Straße wird in der Schweiz durch das Doppel-s (ss) ersetzt.
    > Das weich gesprochene, einfache s steht:
    – nach Konsonanten: Felsen, Amsel, bremsen, rätseln, links ...
    – nach lang gesprochenem Vokal: Besen, Wiese, lesen, grasen ...
    > Einzelne Fremdwörter schreibt man mit kk oder zz: Akkord, Razzia, Pizza ...

3. Die Drei-Buchstaben-Regel
Manchmal treffen drei gleiche Buchstaben aufeinander: Schifffahrt, Schritttempo, Brennnessel, Stillleben, Stresssituation, Flussstrecke, Missstimmung, Balletttheater u.a. Stossen drei gleiche Vokale zusammen, kann man einen Bindestrich setzen: See-Ende, Tee-Ernte u.a.

Merkwörter

Tod/todkrank/totschlagen	die Jagd/er jagt	das Dorf/der Torf
seid ruhig/seit gestern	die Stadt/die Werkstatt	endgültig/entführen
bedeutend/bedeutendste	erbittert/erbittertster	senden/er sandte
Aggression/Agronomie	Thron/Ton	Labyrinth/Zylinder
Sympathie/sympathisch	Atmosphäre/Sphäre	Rhetorik/Rhythmus
Annullation/annullieren	Publikum/Republik	Revolver/gravierend
primitiv/naiv	ein Sechstel/ein Zehntel	Ebbe/Widder
Ellipse/Parallele	Kamel/Karamell	Paddelboot/Krabbelkind
Komödie/Kommode	spazieren/platzieren	kariert/Karriere
Tipp/Typ	Karriere/Karosserie	Schifffahrt/Massstab

Übung 1

Partnerarbeit: Wählen Sie zehn beliebige Wörter aus der Liste auf Seite 82 aus. Diktieren Sie diese einander. Kontrollieren Sie die geschriebenen Wörter. Korrigieren Sie, wenn nötig.

Übung 2

Gruppenarbeit: Schreiben Sie aus einem Wörterbuch ein paar Begriffe (auch Fremdwörter) heraus und bauen Sie bei einigen bewusst kleine Fehler ein. Lassen Sie die anderen herausfinden, welche Wörter fehlerhaft sind.

Übung 3

In einigen Sätzen stecken Fehler. Korrigieren Sie.

3.1 Adam spazierte mit besorgter Miene im Paradies umher.

3.2 Man empfiehlt, die gefürchtesten Stellen sehr vorsichtig zu passieren.

3.3 Der Chef war unnachgibig und duldete keine Widerrede.

3.4 Verstört verliess er nach dem Spiel rasch die Tribüne.

3.5 Schon immer spukten in seinem Kopf ziemlich verrückte Ideen herum.

3.6 Sie liess das verschnürrte Paket beim Picknick liegen.

3.7 Nun wissen wir, weshalb wir den Ausgang aus dem Labyrinth nicht finden konnten.

3.8 Der Hausarzt warnte ihn vor allzu grossen Strapatzen.

3.9 Ägypten grenzt im Westen an den Wüstenstaat Libyen.

3.10 Welches sind die dringensten Probleme unserer Zeit?

3.11 Leider müssen wir die Bestellung annullieren.

3.12 Die Karrosserie ist so stark beschädigt, dass sich eine Reparatur nicht mehr lohnt.

3.13 Das Publikum spendete einen kräftigen Schlussapplaus.

3.14 Bei Akordarbeit kommt es immer wieder zu gefährlichen Stresssituationen.

3.15 Seit einem Monat ist die Bäckerei wieder ein selbstständiger Betrieb.

Denken Sie daran: Individuelle Wörterliste nachführen!

Grossschreibung

Die Unterscheidung zwischen Gross- und Kleinschreibung entstand erst im 13. und 14. Jahrhundert. Man begann damals, einzelne Wörter mit Grossbuchstaben hervorzuheben, so das Wort GOTT sowie Eigennamen und Höflichkeitsformen. 1880 begann das «Orthographische Wörterbuch» von Konrad Duden mit der Vereinheitlichung der Rechtschreibung. 1902 wurden die «Duden»-Regeln für verbindlich erklärt. 2006 haben sich Deutschland, Österreich und die Schweiz auf das heute gültige Regelwerk zur Gross- und Kleinschreibung geeinigt.

Die wichtigsten Regeln der Grossschreibung

Bereich	Grossschreibung	Jedoch Kleinschreibung
Nomen	> einfache Nomen: Tisch, Strasse, Auto, Mond … > mehrteilige Nomen: 3-Zimmer-Wohnung, Vitamin-C-Mangel, Kosten-Nutzen-Analyse, E-Mail-Adresse …	
Nominalisierungen	> Verben: das Lesen und Schreiben, lautes Rufen, beim Autofahren, am Schreiben sein, Irren ist menschlich > Adjektive: die Grossen und Kleinen, etwas Gutes, nichts Spezielles, wenig Spannendes, allerlei Neues, das Folgende, das Erfreuliche, im Allgemeinen, aufs Neue > Pronomen: das eigene Ich, ein Niemand sein, das gewisse Etwas; jeder Einzelne, die Einzigen, alles Weitere > Partikeln: ohne Wenn und Aber, das Für und Wider, im Voraus, im Nachhinein, ein deutliches Ja, ein klares Nein (bei Abstimmungen) > Paarformeln: Jung und Alt, Arm und Reich, Gross und Klein > Ordnungszahlen: die Erste, der Letzte, jeder Dritte, am Ersten des Monats, als Fünfter des Feldes	> Superlative: es ist am besten, am schönsten, am spannendsten … > Grundzahlen: Sie kam unter die ersten zehn. Er traf um fünf ein. Diese zwei kenne ich.
feste Wendungen	im Klaren sein, auf dem Laufenden halten, im Dunkeln tappen, den Kürzeren ziehen, ins Reine schreiben, Recht haben, Angst haben, ins Schwarze treffen, zum Besten geben, Rad fahren, Auto fahren, Zug fahren	in Verbindung mit «sein», «bleiben», «werden»: angst sein, leid sein, schuld sein, recht sein, spitze sein
Eigennamen und einmalige Begriffe	Karl der Grosse, das Schwarze Meer, der Nahe Osten, das Weisse Haus, der Zweite Weltkrieg, die Grüne Partei, der Grosse Rat, das Rote Kreuz, der Erste Mai; Ableitungen auf -er: Schweizer Alpen, Zuger Kirsch, Zürcher Innenstadt, Berliner Modeszene	die erste Hilfe, das schwarze Brett, das schwarze Schaf, der blaue Brief, der weisse Tod, das schwarze Gold, das neue Jahr, das gelbe Trikot
Verbindungen mit Präpositionen	in/mit Bezug auf, im Allgemeinen, am Kochen, zum Nachdenken, auf Englisch, in Deutsch, bei Gelb, in Schwarz, sich in Acht nehmen, im Folgenden, im Allgemeinen, im Weiteren, im Voraus, zu Gunsten, zu Lasten, an Stelle von, auf Grund, in Frage, zu Grunde	> von klein auf, auf ewig, in/gegen bar, am schnellsten, englisch reden, schwarz auf weiss > auch: zugunsten, zulasten, anstelle, aufgrund, infrage, zugrunde
in Verbindung mit Tageszeiten	gestern Abend, heute Nachmittag, übermorgen Mittag, am Mittwochnachmittag	abends, mittags, nachts, dienstagabends, gestern früh
Das erste Wort	> eines ganzen Satzes: Bald werden sie bei uns eintreffen. > eines ganzen Satzes nach dem Doppelpunkt: Es ist allen klar: Dieses Spiel hätten wir gewinnen müssen. > der direkten Rede: Sie gestand: «Ich habe gelogen.» > einer Überschrift: Tödlicher Unfall mit Motorrad > eines Werktitels: Der grüne Heinrich, Vom Winde verweht > von Strassen- oder Gebäudenamen: Untere Promenade, Zur Alten Post	Wir haben eingekauft: zwei Kilo Zucker, fünf Kilo Aprikosen … (Nach dem Doppelpunkt folgt kein ganzer Satz.)
Höflichkeitsformen	> Anredepronomen: Du, Dir, Dein, Euch, Sie, Ihnen, Ihrer, Ihr, Ihrerseits	> Reflexivpronomen «sich»: In diesem Punkt haben Sie sich geirrt. > auch: du, dir, dein, ihr, euch

Übung 1

Diktieren Sie einander ungefähr zwanzig ausgewählte Wörter und Wendungen von Seite 84. Kontrollieren und korrigieren Sie das Geschriebene.

Übung 2

Setzen Sie die Grossbuchstaben ein.

2.1 Sie liest das buch «die dunkle seite des mondes» von martin suter.
2.2 Nun ist es bekannt: die ursache des unfalls war ein defekt an den bremsen.
2.3 Die kanarischen inseln gehören zu spanien und liegen im atlantischen ozean.
2.4 Von 1756 bis 1763 tobte zwischen frankreich und england der siebenjährige krieg.
2.5 Nach langem hin und her hat der grosse rat des kantons bern zugestimmt.
2.6 In diesem raum ist das telefonieren bis auf weiteres untersagt.
2.7 Im voraus kann man nie wissen, welche überraschungen das neue jahr bringen wird.
2.8 Auch nach der zweiten durchsuchung tappt die polizei noch immer im dunkeln.
2.9 Auf wanderungen in den schweizer bergen kann man allerlei schönes entdecken.
2.10 Heute nachmittag hat mir mein chef das du angeboten.
2.11 Sie war die einzige der zehn läuferinnen, die mit den männern mithalten konnte.
2.12 Nun müssen alle diesen englischen text ins deutsche übersetzen.
2.13 Er stürzte beim skifahren schwer und war aufs schlimmste gefasst.
2.14 Im grossen und ganzen wurde an der sitzung nur das bereits bekannte diskutiert.
2.15 Wer bei rot die strasse überquert, bringt sich und andere unnötig in gefahr.

Übung 3

Schreiben Sie diesen Brief in korrekter Gross- und Kleinschreibung ab.

LIEBE FRAU VON ARB

SIE HABEN BEI UNSEREM WETTBEWERB «BEIM EINKAUFEN PROFITIEREN» MITGEMACHT UND GEWONNEN. HERZLICHE GRATULATION! ZWAR KÖNNEN WIR IHNEN NICHT DEN ERSTEN PREIS IM WERT VON 10 000 FRANKEN ÜBERREICHEN, DOCH SICHER WERDEN SIE SICH AUCH ÜBER DEN 100-FRANKEN-WARENGUTSCHEIN FREUEN. DIESEN KÖNNEN SIE AB KOMMENDER WOCHE BEI ALLEN UNSEREN FILIALEN EINLÖSEN. BEACHTEN SIE BITTE BEI IHREM NÄCHSTEN EINKAUF DIE ATTRAKTIVEN SONDERAKTIONEN, DIE WIR BIS AUF WEITERES IN UNSEREN LÄDEN ANBIETEN.

WIR FREUEN UNS SEHR, SIE AUCH WEITERHIN ZU UNSEREN TREUEN KUNDINNEN ZÄHLEN ZU DÜRFEN, UND WÜNSCHEN IHNEN SCHON HEUTE VIEL GLÜCK BEI UNSERER NÄCHSTEN VERLOSUNG VON MITTE MAI.

ES GRÜSST SIE FREUNDLICH
NINA FORTUNA
LEITERIN MARKETING

Denken Sie daran: Individuelle Wörterliste nachführen!

Kleinschreibung

mit den neuen kommunikationsmitteln hat die kleinschreibung eine art erfahren. so schreiben heute viele ihre e-mails und sms in kleinbuchstaben. am einfachsten wäre es natürlich, alle texte in kleinschrift zu verfassen. es gibt jedoch sätze, die mit konsequenter kleinschreibung missverständlich wirken könnten. Beispiel: «gestern durften wir mit dem alten auto fahren.» Mit dem alten Auto fahren? Oder mit dem Alten Auto fahren? – Zugegeben: Solch konstruierte Beispielsätze sind kein Argument gegen die Kleinschreibung bzw. für die jetzige Regelung mit Gross- und Kleinschreibung. Tatsache ist aber: Es gibt ein Regelwerk, an welches wir uns bei öffentlichen Schriftstücken halten müssen.

Die wichtigsten Regeln der Kleinschreibung

Bereich	Kleinschreibung	Jedoch Grossschreibung
Grundsatz	Kleingeschrieben werden normalerweise alle Wortarten ausser dem Nomen, also Verben, Adjektive, Pronomen und Partikeln.	
Verbindungen mit sein, bleiben, werden	Er ist pleite. Sie ist schuld daran. Es ist ihm angst und bange. Er wird ihm leid tun. Es wird ihr recht sein.	Die Pleite wurde abgewendet. Ich habe Angst. Wir tragen keine Schuld. Er hat viel Leid verursacht. Sie ist im Recht.
Superlative mit **am**	Das Essen ist hier am besten. Dort ist die Aussicht am schönsten. Wir sind am reichsten.	Es ist das Beste, wenn du bleibst. Etwas zum Besten geben Sich aufs Beste unterhalten
Infinitivformen mit **zu**	Endlich gab es etwas zu essen. Bei diesem Thema gibt es wenig zu lachen.	Es gab Wein zum Essen. Das ist ja zum Lachen!
Aus Nomen entstandene Wörter auf **-s** und **-ens**	abends, morgens, nachts dienstags, samstags anfangs, namens, seitens willens, mangels, angesichts	des Morgens am Morgen des Dienstags im Namen von … dank seines Willens
ein, ander, viel, wenig, meist	Die meisten haben es gewusst. Nur wenige sind geblieben. Die einen kommen, die anderen gehen. Er hat das wenigste gewusst. Sie hat etwas ganz anderes gemeint. Für viele war es die erste grosse Reise.	Hier ist auch Grossschreibung möglich: die Meisten, nur Wenige, das Wenigste, die Einen, die Anderen, etwas ganz Anderes, für Viele
etwas, nichts, alle, einige, manche	Wir haben alle zur Feier eingeladen. Leider mussten einige absagen. Das hat manche verwirrt. Nur etwas hat noch gefehlt. Ihr fehlte nichts.	das gewisse Etwas vor dem Nichts stehen
dank, kraft, laut, statt, zeit	zeit seines Lebens, dank eines Zufalls, kraft seines Einflusses, laut ihrer Aussage, statt eines Computers	die Zeit des Lebens, den Dank aussprechen, die Kraft beeinflussen
Paarformeln	von früh bis spät, von nah und fern, durch dick und dünn, über kurz oder lang, schwarz auf weiss, grau in grau	Wenn Personen gemeint sind: für Jung und Alt, Gross und Klein
Adjektive, die sich auf ein Nomen beziehen	Die alten Wanderschuhe waren bequemer als die **neuen**. (die neuen **Wanderschuhe**) Sie ist die **bekannteste** aller Politikerinnen im Parlament. (die bekannteste **Politikerin**)	Die Neuen im Parlament wurden speziell begrüsst. Wir trafen ein paar Bekannte.

Übung 1

Diktieren Sie einander ungefähr zehn ausgewählte Sätze und Wendungen von Seite 86. Kontrollieren und korrigieren Sie das Geschriebene.

Übung 2

Setzen Sie die Grossbuchstaben ein.

2.1 Es sind leider meistens nur wenige, die sich für das gute in der welt einsetzen.
2.2 Der vermisste konnte dank eines hinweises gestern geborgen werden.
2.3 Das geschäft bleibt jeweils am ersten des monats geschlossen.
2.4 Sie ist mit abstand die zuverlässigste meiner arbeitskolleginnen.
2.5 Die firma gibt heute nachmittag die namen der neuen konzernleitung preis.
2.6 Die beiden sind seit ihrem grossen erfolg durch dick und dünn gegangen.
2.7 Die neuen sind im allgemeinen besser bezahlt als die bisherigen angestellten.
2.8 Zuerst müssen diese vielen vorwürfe schwarz auf weiss bewiesen werden.
2.9 Die wenigsten wissen, dass diese route die steilste und gefährlichste ist.
2.10 Es ist wohl am besten, wenn wir uns vor den tieren in acht nehmen.
2.11 Er hat zeit seines lebens an das gute im menschen geglaubt.
2.12 Die rede hat einige gefreut, andere jedoch im grossen und ganzen enttäuscht.
2.13 Die neue regelung wird über kurz oder lang etwas ganz anderes bewirken.
2.14 Dieses beweisstück wurde, wie so viele andere auch, dank eines zufalls entdeckt.
2.15 Wenn jemand etwas so schreckliches erlebt, sieht er alles in einem anderen licht.

Übung 3

Schreiben Sie diesen Brief in korrekter Gross- und Kleinschreibung ab.

> hallo anita!
>
> bitte entschuldige, dass ich so lange nichts von mir hören liess. der grund ist einfach: ich war für vier wochen im ausland und habe deine beiden briefe erst letzte woche geöffnet. schön, dass du nun eine neue stelle gefunden hast; die alte hat ja wirklich nicht deinen fähigkeiten und bedürfnissen entsprochen. und durch deinen umzug hast du nun einen viel kürzeren arbeitsweg, was einiges an reisezeit einspart. sicher ist für dich auch wichtig, dass ihr beide, du und dein freund luca, euch nun wieder öfter sehen könnt.
>
> bei mir bleibt vorerst alles beim alten. das heisst, ich bleibe sicher noch ein paar jahre bei der jetzigen firma. seit anfang september besuche ich jeweils dienstags einen weiteren ausbildungskurs in marketing; dieser dauert noch bis ende jahr. danach habe ich wieder ein wenig mehr zeit für mein privatleben. ich möchte dann endlich mit dem tango-tanzkurs fortfahren. es ist zu befürchten, dass ich nochmals ganz von vorne beginnen muss, denn leider habe ich die meisten grundschritte verlernt. das ist sehr schade.
>
> nun freue ich mich, schon bald von dir zu hören, und grüsse dich aufs herzlichste.
> claudia

Denken Sie daran: Individuelle Wörterliste nachführen!

Getrennt- und Zusammenschreibung

Nirgends sind in Bezug auf die korrekte Schreibung die Zweifelsfälle so zahlreich und die Unsicherheiten so gross wie bei der Getrennt- und Zusammenschreibung. Heisst es nun sitzenbleiben oder sitzen bleiben, Ski fahren oder skifahren, irgendetwas oder irgend etwas, dabeisein oder dabei sein? – Die Ursache für diese Verunsicherung liegt darin, dass es für diesen Bereich der Rechtschreibung noch nie klare und verbindliche Regeln gab. Auch die neue amtliche Rechtschreibung regelt nicht alles; den Schreibenden werden viele Freiheiten gegeben. Also gilt auch hier: Bei Unsicherheiten im Wörterbuch nachschlagen.

Die wichtigsten Regeln

Bereich	Getrenntschreibung	Zusammenschreibung
Verb + Verb	sitzen bleiben, fallen lassen, gehen lassen, stehen bleiben, spazieren gehen (auch mit Partizipien: sitzen geblieben, fallen gelassen, stehen geblieben)	Im übertragenen Sinn: sitzenbleiben (in der Schule); fallenlassen (keine Hilfe geben); sich gehenlassen (ohne Kontrolle sein)
Verbindungen mit dem Verb «sein»	wach sein, da sein, zufrieden sein, fertig sein, zurück sein, zusammen sein, achtsam sein, gut sein, besser sein, grösser sein	
Nomen + Verb	Anteil nehmen, Angst machen, Bescheid wissen, Hand anlegen, Karten spielen, Not leiden, Bezug nehmen, Platz machen, Rad fahren, Ski fahren, Tram fahren	das Skifahren, das Handanlegen, das Radfahren, das Klavierspielen; eislaufen, leidtun, heimreisen, kopfstehen, pleitegehen, standhalten, teilnehmen, wettmachen, wundernehmen, preisgeben
Adjektiv + Verb	gut schreiben, leer lassen, schön finden, gross schreiben, frei sprechen, schlecht machen, glatt hobeln, gut sein, glücklich sein, besser sein, schneller arbeiten (Probe: Steigerung möglich)	Im übertragenen Sinn: gutschreiben, grossschreiben, freisprechen, kleinmachen, kaltstellen, kranklachen, schwarzfahren, festnageln, richtigstellen, kürzertreten (Probe: Steigerung nicht möglich)
Partikel + Verb	Betonung auf dem Verb: zusammen arbeiten, zusammen ziehen, aufeinander achten, aneinander denken, voneinander lernen, auswärts essen, aufrecht gehen (auch mit Partizipien: aufrecht gehend, aufrecht gegangen)	Betonung auf der Partikel: einschreiben, aufschreiben, abschreiben, mitschreiben herausbringen, wegrennen Im übertragenen Sinn: zusammenziehen, zusammenarbeiten, wiedersehen
Verbindungen mit bestimmten Partikeln	wie viel, wie viele, so viele, zu viel, zu viele, ebenso viel, allzu leicht, umso besser, vor allem, ausser dass, ohne dass, gar nie, immer noch, wieder einmal, vor allem	irgendjemand, irgendetwas, irgendwann, irgendwo, irgendwer
Zahlpronomen und Zahlwörter	das erste Mal vierzehn Millionen fünfziger Jahre Fünf mal sechs ist dreissig.	einmal, zweimal, hundertmal, manchmal, zwölfhundert, dreizehntausend, die Fünfzigerjahre, eine Zehnernote
Spezialfälle	an Stelle, auf Grund, in Frage, zu Gunsten, zu Lasten, mit Hilfe, an Stelle, zu Stande, zu Hause; zur Zeit des Kalten Krieges	auch möglich: anstelle, aufgrund, infrage, zugunsten, zulasten, mithilfe, anstelle, zustande, zuhause; Zurzeit (im Moment, jetzt) ist sie weg.

Übung 1

Erstellen Sie eine Tabelle mit den beiden Spalten «Getrenntschreibung»/«Zusammenschreibung».
Diktieren Sie einander ungefähr zwanzig Wörter von Seite 88. Kontrollieren und korrigieren Sie die Übung.

Übung 2

Ergänzen Sie nach folgendem Beispiel:
das Schlangestehen: lange Schlange stehen müssen

2.1 das Maschinenschreiben: gut .... können

2.2 die Anteilnahme: daran .... können

2.3 die Teilnahme: daran .... müssen

2.4 die Preisgabe: ein Geheimnis .... müssen

2.5 die Heimreise: bald .... müssen

2.6 das Eislaufen: gut .... können

2.7 die Probefahrt: das Auto zuerst .... können

2.8 das Pleitegehen: in kurzer Zeit .... müssen

Übung 3

Bilden Sie aus den gegebenen Adjektiven und Verben sinnvolle Kombinationen. Achten Sie dabei auf die Getrennt- und Zusammenschreibung.

Adjektive

offen, fern, gerade, fest, bereit, krank, genau
glücklich, leicht, schwer, richtig, besser

Verben

sein, nehmen, fallen, stellen, können, lesen, lassen,
sehen, sitzen, legen, halten, melden

....
....
....
....

Übung 4

In einigen Sätzen haben sich Fehler eingeschlichen. Korrigieren Sie.

4.1 Der Angeklagte wurde bereits zum zweiten Mal frei gesprochen.

4.2 Man hat auf Grossbanken allzuviel Rücksicht genommen.

4.3 Irgend wer muss in dieser Krise die Führung übernehmen.

4.4 Das erste Wort nach einem Punkt wird gross geschrieben.

4.5 Er wird die junge Frau bald als grossen Star heraus bringen.

4.6 Es würde mich Wunder nehmen, was sie dazu sagt.

4.7 So viel ich weiss, ist seine Nomination in Frage gestellt worden.

4.8 Wenn wir einander helfen, wird die Aufgabe nicht allzuschwer sein.

4.9 Man hat sie stets schlechtgemacht und so aus dem Team gedrängt.

4.10 Nach der Pensionierung werde ich etwas kürzer treten.

4.11 Wir arbeiten zur Zeit an einer breit abgestützten Lösung.

4.12 Vorallem freut uns, dass alle so tüchtig Hand angelegt haben.

Denken Sie daran: Individuelle Wörterliste nachführen!

Satzlehre

Satzglieder
Subjekt und Prädikat	**92**
Kongruenz von Subjekt und Prädikat	**94**
Objekte	**96**
Adverbialien und Attribute	**98**
Satzglieder abgrenzen und bestimmen	**100**

Satzarten
Haupt- und Nebensatz	**102**
Satzverbindung, Satzgefüge und Ellipse	**104**
Relativsatz	**106**
Konjunktionalsatz	**108**
Nebensätze ohne konjugiertes Verb	**110**

Subjekt und Prädikat

Subjekt und Prädikat sind die beiden wichtigsten Satzglieder. Das Subjekt ist der Gegenstand des Satzes. Das Prädikat bestimmt den Aufbau des Satzes. Der kürzeste mögliche vollständige Satz besteht immer aus einem Subjekt und einem Prädikat. Beispiele: Er redet. Sie schweigt. Wir diskutieren. Die Sonne scheint. Die Bäume blühen. Der Sommer naht.

Das Subjekt

Das Subjekt ist der Satzgegenstand und steht immer im Nominativ. Man erfragt das Subjekt mit «Wer oder was?». Das Subjekt kann einteilig oder mehrteilig sein.

Einteiliges Subjekt: **Anna** hat Geburtstag. **Alle** sind eingeladen. Gehen **wir**!
Mehrteiliges Subjekt: **Die vielen jungen Gäste** haben sich sehr gut amüsiert.

Oft besteht das Subjekt aus einem Nomen, doch es kann auch mit anderen Wortarten gebildet werden: Mit Pronomen (**Niemand** ist da), Adjektiven (**Gutes** wurde erreicht), Pronomen (Vielen ist **das** bekannt), mit Adverbien (**Das Hin und Her** ist vorbei) sowie mit infiniten Verbformen (**Irren** ist menschlich). – Das Subjekt kann sogar aus einem Nebensatz bestehen. In diesem Fall spricht man von einem **Subjektsatz**. Beispiel: **Dass wir doch noch gewinnen konnten**, hat uns sehr gefreut. Den Nebensatz kann man mit dem Pronomen «es» ersetzen: **Es** (= Subjekt) hat uns sehr gefreut.

Das Prädikat

Das Prädikat bestimmt die Satzaussage und gleichzeitig den Aufbau des Satzes. Es kann aus einer oder mehreren Verbformen, den sogenannten Prädikatsteilen, bestehen.

Einteiliges Prädikat: Sie **besteigt** den Zug.
Mehrteiliges Prädikat: Sie **hat** den Zug **bestiegen**. Sie **wird** den Zug **bestiegen haben**.

Prädikatsteile können sein: die Personalform, der Verbzusatz, der Infinitiv, die Partizipformen.

Beim einfachen Aussagesatz steht der finite (konjugierte) Prädikatsteil an zweiter Stelle, also unmittelbar nach dem Subjekt. Der infinite Teil steht am Schluss.

1. Stelle	2. Stelle	
Er	**verlässt**	das Haus.
Er	**muss**	das Haus **verlassen** (= infiniter Prädikatsteil).

Versteckte Subjekte und Prädikate

Nicht alle Sätze sind vollständige Sätze mit Subjekt und Prädikat.
> Dem Manne kann geholfen werden. Mir graut vor der Prüfung. Jetzt muss gespart werden.
  In diesen Sätzen ist das Subjekt ein verstecktes **es**. (Mir graut **es** vor der Prüfung.)
> Weg damit!/Ruhe!/Geh jetzt./Wann?/Endlich./Schade./Bald. u. a.
  Hier handelt es sich um Verkürzungen von vollständigen Sätzen. Subjekt und Prädikat sind oft nicht vorhanden. Diese unvollständig ausgebildeten Sätze nennt man **Ellipsen** (siehe Seite 104).

Der Gleichsetzungsnominativ

Bei gewissen Satzkonstruktionen stehen zwei Satzteile im Nominativ, so bei Sätzen mit den Verben «sein», «werden», «bleiben», «scheinen», «dünken», «gelten als». Beispiele: Er ist ein grosser Künstler. Sie wird neue Geschäftsführerin. Peter Obermeier bleibt Gemeindepräsident. Sie gilt als Favoritin. Nicht nur das Subjekt, sondern auch die Ergänzung antwortet auf die Frage: Wer oder was? (Der Gleichsetzungsnominativ wird auch «Prädikativ» oder «Subjektsprädikativ» genannt.)

Übung 1

Bilden Sie mit folgenden Wörtern einen grammatikalisch und inhaltlich korrekten Satz.
Sinn / vermehrt / Lebens / junge / heute / stellen sich / eigentlichen / die / viele / nach / Menschen / des / Frage / dem

....
....

Übung 2

Schreiben Sie zwei Varianten des Satzes aus Übung 1, indem Sie die einzelnen Teile umstellen.

a) ....
....

b) ....
....

Unterstreichen Sie in allen drei Sätzen Subjekt und Prädikat mit unterschiedlichen Farben.

Übung 3

Unterstreichen Sie Subjekt und Prädikat. Markieren Sie die Position des konjugierten Prädikatsteils speziell.

3.1 Das Spiel wird in wenigen Minuten beginnen.

3.2 Der verletzte Spieler kam nach zehn Minuten wieder aufs Spielfeld zurück.

3.3 Die erste Halbzeit hat die hohen Erwartungen nicht erfüllen können.

3.4 Schliesslich wurde das Spiel durch einen Strafstoss entschieden.

3.5 Trotz des aggressiven Spiels ist das Publikum relativ ruhig geblieben.

Übung 4

Unterstreichen Sie das Subjekt.

4.1 Die meisten Besucherinnen und Besucher waren von der Vorstellung enttäuscht.

4.2 Dies lag unter anderem an der schwachen Leistung des neuen Orchesters.

4.3 Den entscheidenden Schwachpunkt bildete jedoch die wenig durchdachte Inszenierung.

4.4 Dass das Stück lange auf dem Spielplan bleiben wird, muss bezweifelt werden.

4.5 Man kann nur hoffen, dass die nächste Produktion des Hauses erfolgreicher sein wird.

Übung 5

5.1 Formen Sie jede Ellipse in einen einfachen, kurzen Satz um.
Schade. / Viel Spass! / Endlich. / Bald. / Wie bitte? / Sofort weg! / Guten Tag. / Auch hier? / Gewonnen! / Zu spät. / Ruhe! / Ab heute geöffnet. / Nie wieder Streit! / Danke. / Alles klar?

....
....
....
....
....
....
....

5.2 Verfassen Sie einen kurzen Dialog, der mehrheitlich aus Ellipsen besteht.

Kongruenz von Subjekt und Prädikat

Kongruenz. Weshalb taucht dieser Begriff aus der Geometrie in der Grammatik auf? Kongruenz heisst Übereinstimmung. Was in einem Satz übereinstimmen soll, ist?/sind? das Subjekt und das Prädikat. Schon sind wir konfrontiert mit der Problematik: Muss das Verb in der Singular- oder Pluralform stehen? Das Prädikat richtet sich in diesem Satz nach den beiden Begriffen «Subjekt» und «Prädikat», also heisst es «sind»: Was übereinstimmen soll, «sind» das Subjekt und das Prädikat.

Eindeutige Kongruenz

In der Regel ist die Kongruenz kein Problem:
> Die Sonne scheint. Er geht spazieren. (Subjekt und Prädikat stehen beide im Singular.)
> Wir beginnen gleich. Bleistift und Papier liegen bereit. (Subjekt und Prädikat im Plural)

Wichtig ist, das **Subjekt** zu erkennen:
> Eine wichtige Rolle im Film spielen **ein Mann und ein kleiner Schuljunge**.
  Wer spielt eine wichtige Rolle? → Ein Mann und ein kleiner Junge (Subjekt) **spielen** ...

Heikle Fälle

Zwei Subjekte	Wenn zwei Subjekte eine Einheit bilden, wird häufig auch der Singular verwendet: > Da *ist* Hopfen und Malz verloren. > Alt und Jung *vergnügte* sich am Dorffest.
Mengenangaben	> **Ein Kilo** Aprikosen **kostet** vier Franken. **Zwei Kilo** Aprikosen **kosten** acht Franken. > Im Tank **befindet** sich **Benzin**. Im Tank **befinden** sich **20 Liter** Benzin.
Mengenwörter	Vorsicht ist angebracht, wenn das Mengenwort im Singular steht: > **Eine Menge** Billette **wurde** zum halben Preis verkauft. > **Eine Anzahl** Mitarbeitende **muss** entlassen werden. > **Die Mehrheit** der Wählerinnen und Wähler **lehnte** die Vorlage ab. > **Die Hälfte** der Anwesenden **kommt** aus der Schweiz. > Aber: Die Hälfte der Teilnehmenden **sind Schweizer**. (Der Prädikatteil ist massgebend!) > Achtung: Drei und vier **ist** sieben. (Im Sinne von macht ..., gibt ...)

Konjunktionen	> **Entweder** Herr Schwarz oder Frau Weiss **wird** Sie empfangen. (nur eine Person)
	> Französisch bzw. Englisch **muss** geprüft werden. (nur ein Fach)
	> **Sowohl** der Tresor **als auch** die Kasse **wurden** aufgebrochen. (zwei Dinge)
	> **Nicht nur** der Einbrecher, **sondern auch** sein Komplize **entkam**.
	  (Jeder entkam einzeln.)
	> **Weder** das Fluchtauto **noch** die Beute **wurde(n)** bisher gefunden.
	  (Singular und Plural möglich.)

Abkürzungen	Massgebend ist, was hinter der Abkürzung steckt: > **Die SBB stellen** ihren Fahrplan um. (die Schweizerischen **Bundesbahnen**) > Die Kübler Eisenwerke **AG baut** Arbeitsplätze ab. (die **Aktiengesellschaft**)
Relativsätze	Sie gehört zu den wenigen Frauen, die am Projekt mitgearbeitet hat/haben. (Singular oder Plural?) → Das Relativpronomen **die** bezieht sich auf **Frauen** (... Frauen, die). Also muss das Verb ebenfalls im Plural stehen: ..., die mitgearbeitet **haben**.

Übung 1

Ist es eine Einheit oder sind es zwei Dinge? Streichen Sie die falschen Formen.

1.1 Gross und Klein freute/freuten sich über das tolle Badewetter.
1.2 Silber und Gold wird/werden zu Schmuck verarbeitet.
1.3 Blitz und Donner begleitete/begleiteten den Kaltlufteinbruch.
1.4 Gleich und gleich gesellt/gesellen sich gern.
1.5 Blumenkohl und Sellerie zählt/zählen zum Wintergemüse.
1.6 Es war/waren Stein und Bein gefroren und Schnee und Eis führte/führten zu einem Verkehrschaos.

Übung 2

Mengenangaben. Streichen Sie die falschen Formen.

2.1 Eine Schachtel Streichhölzer lag/lagen auf dem Tisch.
2.2 Mehrere Tonnen Beton musste/mussten mühsam weggepickelt werden.
2.3 5 Meter Schnur wird/werden dazu gebraucht.
2.4 Ein Dutzend Crèmeschnitten bildete/bildeten das Dessert.
2.5 3 Liter Milch ist/sind viel zu viel.
2.6 Ein Paar Handschuhe blieb/blieben am Tatort zurück.
2.7 Wie viel ist/sind 13 x 13?
2.8 ¼ der Kosten entfällt/entfallen auf Reparaturen.
2.9 60 % der Stimmbürger legte/legten ein Ja in die Urne.
2.10 Zu 40 % ist/sind die Schadensumme durch die Versicherung nicht gedeckt.

Übung 3

Konjunktionen. Streichen Sie die falschen Formen.

3.1 Spanisch oder Russisch kann/können als Freifach gewählt werden.
3.2 Die vorhandene Arbeit und die Lohnsumme ist/sind nicht gleichmässig verteilt.
3.3 Nicht nur das Haus, sondern auch der angebaute Stall brannte/brannten nieder.
3.4 Weder er noch seine Schwester wusste/wussten Bescheid.
3.5 Im Sport spielt/spielen die Fairness sowie das Geld eine wichtige Rolle.
3.6 Entweder muss/müssen Militärdienst oder Zivildienst geleistet werden.

Übung 4

Setzen Sie die korrekte Verbform im Präsens ein.

4.1 Die SBB ha................. ihn als Lokomotivführer eingestellt.

4.2 Die Hälfte der Teilnehmer (nehmen) .... als Amateure am Wettkampf teil, die andere

Hälfte (sein) .... Profis.

4.3 Die USA übern................. im Gremium den Vorsitz.

4.4 Die Eisenwerke Klump AG ha................. Konkurs gemacht.

4.5 Die Hälfte der Anwesenden wehr................. sich gegen das Vorhaben.

4.6 Eine Gruppe von elegant angezogenen Geschäftsleuten sitz............. am Tisch.

4.7 Ein Jogger und sein Hund komm................. gelaufen.

4.8 Ein Jogger mit seinem Hund komm................. gelaufen.

4.9 Entweder Herr Sommer oder Herr Winter (werden) .... die Sitzung leiten.

4.10 Nicht nur sein eigenes Auto, sondern auch das seiner Frau (sein) .... ganz neu.

4.11 Dort (können) .... 20 % der Bevölkerung weder lesen noch schreiben.

4.12 Das Schwergewicht der Aktivitäten bild................. die praktischen Übungen.

Objekte

Danke! – Ich danke. – Ich danke allen. – Ich danke allen unseren Vereinsmitgliedern für das Engagement beim Fest. – Ich danke allen unseren Vereinsmitgliedern herzlich für das Engagement beim Fest zum 20-jährigen Bestehen unseres Musikvereins.

Dieser Satz wurde nach und nach ergänzt, die Struktur ist komplexer geworden, der Informationsgehalt hat zugenommen. Bei einigen Satzerweiterungen handelt es sich um sogenannte Objekte.

Die vier Objekte

Das Dativobjekt
Das Dativobjekt ist eine Ergänzung im Wem-Fall.
Wem danke ich? allen

Das Akkusativobjekt
Das Akkusativobjekt ist eine Ergänzung im Wen-Fall.
Er hat seinen alten Freund getroffen. Wen hat er getroffen? seinen alten Freund

Das Genitivobjekt
Das Genitivobjekt ist eine Ergänzung im Wes-Fall.
Sie nahm sich des Problems an. Wessen nahm sie sich an? des Problems

Genitivobjekte tauchen heute oft noch in festen Wendungen auf:
jemanden eines Besseren belehren; der Dinge harren, die da kommen; jemanden des Landes verweisen; jemanden keines Blickes würdigen.
Sonst werden Genitivformen immer seltener gebraucht. Statt «Wir waren des langen Wartens überdrüssig» sagt oder schreibt man: «Wir hatten genug vom langen Warten.» Oder: «Wir hatten es satt, so lange zu warten.»
Folgende Verben verlangen nach wie vor ein Genitivobjekt:
anklagen, bedürfen, beschuldigen, bezichtigen, gedenken, sich entsinnen, sich bemächtigen, sich erbarmen, sich rühmen, sich vergewissern, sich enthalten, sich erinnern, sich annehmen.

Das Präpositionalobjekt
Einzelne Verben wie sich kümmern um, warten auf, sprechen mit sind eng mit einer Präposition verbunden. Bei der Frage nach dem Objekt muss daher immer auch die Präposition miteinbezogen sein: um wen? / auf was? / mit wem? Also: Man kümmerte sich um das verletzte Kind. – Um wen kümmerte man sich? um das verletzte Kind

Jedoch handelt es sich nicht immer um ein Objekt, wenn eine Präposition im Spiel ist, wie folgende Sätze zeigen:

Satz 1a: Viele junge Menschen stehen auf ihre Musikidole.
Satz 1b: Viele junge Menschen stehen auf der Brücke.
Satz 2a: Er erholt sich von den Wettkämpfen.
Satz 2b: Er erholt sich in den Bergen.

Bei den Sätzen 1a und 2a handelt es sich um präpositionale Objekte, da die Präpositionen auf und von nicht ersetzt werden können: stehen auf und sich erholen von sind feste Verbindungen. Hingegen kann man bei den Sätzen 1b und 2b die Präposition austauschen: stehen unter der Brücke, sich erholen am Meer. Hier handelt es sich um Adverbialien (Umstandsbestimmungen).

Übung 1

Bauen Sie die gegebene Ellipse in fünf Stufen aus, analog dem Beispiel «Danke!» auf Seite 96.

1. Gewonnen.
2. ....
3. ....
4. ....
5. ....

Übung 2

Unterstreichen Sie bei Ihrem letzten Satz in Übung 1 mit unterschiedlichen Farben: Subjekt, Prädikat und Objekte.

Übung 3

Unterstreichen Sie die Objekte und bestimmen Sie sie genau.

3.1 Ich werde dich in ein paar Tagen besuchen. ....
3.2 Wir können uns seines Besuches in der Schweiz gut erinnern. ....
3.3 Ihre Grosseltern haben stets auf gute Ernährung geachtet. ....
3.4 Viele von uns sind sich der grossen Risiken beim Autofahren nicht bewusst. ....
3.5 Vor dem Einschlafen erzählte die Mutter ihren Kindern jeweils eine Geschichte. ......
3.6 Das Expeditionsteam suchte stundenlang verzweifelt den Höhlenausgang. ....
3.7 Niemand sollte sich über die zunehmende Gewaltbereitschaft wundern. ....
3.8 Er ist von uns vor einem plötzlichen Börsenabsturz öfter gewarnt worden. ....
3.9 Hast du diese teure Uhr deiner Tochter geschenkt? ....

Übung 4

Präpositionales Objekt oder Adverbiale?

4.1 Wir freuen uns sehr **über deinen Besuch** in der Schweiz. ....
4.2 Sie konnte das Tempo **über das ganze Rennen** hochhalten. ....
4.3 Die Polizei stoppte den Autofahrer **vor der Ampel**. ....
4.4 Sie fürchtet sich noch immer **vor Spinnen**. ....
4.5 Unser Team wartet seit Wochen **auf den ersten Sieg**. ....
4.6 Wir erwarten euch **auf zehn Uhr** im Sitzungszimmer. ....
4.7 Viele Leute leiden im Winter **an viralen Infektionen**. ....
4.8 Bitte wenden Sie sich **an den Kundendienst**. ....
4.9 Wir rechnen fest **mit der Unterstützung** des Vorstandes. ....
4.10 In der Primarschule zählen viele Kinder noch **mit den Fingern**. ....
4.11 Sie erkundigte sich **nach seinem Gesundheitszustand**. ....
4.12 Er hatte das Ziel **nach fünf Stunden** endlich erreicht. ....
4.13 Die alte Frau hängt **an ihrem Haus**. ....
4.14 Der Schlüssel hängt meistens **an der Rückseite der Kellertür**. ....
4.15 Mein Cousin Michael verliebte sich **in eine junge Amerikanerin**. ....
4.16 Marco verliebte sich **in Spanien in Maria**. ....

Adverbialien und Attribute

Satzergänzungen, die uns etwas über den Ort, die Zeit oder die Art und Weise einer Handlung verraten, heissen adverbiale Bestimmungen, kurz Adverbialien. Sie sind wie Subjekt, Prädikat und Objekt eigenständig, können also innerhalb eines Satzes frei verschoben werden. Nicht so die Attribute. Sie sind nicht frei verschiebbar und daher keine Satzglieder, sondern immer Bestandteil eines Satzgliedes.

Das Adverbiale

Adverbialien des Ortes (lokale Adverbialien)
Wir treffen uns **beim Kiosk**. (wo?) – Er kommt **aus Chur**. (woher?) – Sie geht **ins Kino**. (wohin?)

Adverbialien der Zeit (temporale Adverbialien)
Treffen wir uns **um 5 Uhr**. (wann?) – Er bleibt **bis Montag**. (wie lange?) – Sie sind **seit gestern** hier. (seit wann?)

Adverbialien der Art und Weise (modale Adverbialien)
Wir haben uns **sehr gut** gefühlt. (wie gefühlt?) – Dieser Bus wird **mit Solarstrom** betrieben. (wie betrieben?)

Adverbialien des Grundes (kausale Adverbialien)
Sie ist **ferienhalber** abwesend. (weshalb?) – **Bei guter Vorbereitung** sollten wir das Ziel erreichen. (unter welchen Bedingungen?) – **Trotz der Sturmwarnung** fuhren sie hinaus. (trotz welcher Umstände?)

Die Attribute

Attribute sind **Beifügungen** und fest verbunden mit einem Satzglied. Sie können nicht frei verschoben werden, daher gelten sie als **Satzgliedteile**. Inhaltlich vermitteln sie Zusatzinformationen und können ausser beim Prädikat bei allen Satzgliedern auftreten. Beispiel: Frau Müller, Mitglied der FDP, hat am vergangenen Montag ihre engsten Vertrauten über den Rücktritt als Regierungsrätin informiert.

Frau Müller*	hat	am * Montag	ihre * Vertrauten	über ihren Rücktritt*	informiert.
Subjekt	Prädikat	Adv. Zeit	Akkusativobjekt	Präpositionales Objekt	Prädikatsteil
*Attribut: Mitglied der FDP		*Attribut: vergangenen	*Attribut: engsten	*Attribut: als Regierungsrätin	

Appositionen

Eine spezielle Beifügung ist die Apposition (von lat. «der Zusatz»).
Es handelt sich dabei um nachgestellte zusätzliche Informationen. **Frau Müller, Regierungsrätin der FDP, hat …** Die Apposition steht immer im gleichen Fall wie das Bezugswort und wird mit Kommas vom Satz abgetrennt. Beispiele:
> Frau Zürcher, **die neue Abteilungsleiterin**, hat heute ihren ersten Arbeitstag.
> Am Mittwoch, **meinem freien Arbeitstag**, könnten wir einen Termin vereinbaren.
> Die Wahl Herrn Vosers, **des einzigen Kandidaten**, war keine Überraschung.
> Wir bauen Brücken mit Stahl, **dem am besten geeigneten Material**.
> In London, **dem Trendzentrum Europas**, findet die nächste grosse Modeschau statt.

Bei Unsicherheit in Bezug auf den Fall lässt man das Bezugswort weg:
> An meinem freien Arbeitstag könnten …
> Die Wahl des einzigen Kandidaten …
> Wir bauen Brücken mit dem am besten geeigneten Material.

Übung 1

Bestimmen Sie die adverbialen Ergänzungen.

1.1 **Fassungslos** stehen die geretteten Seeleute **am Ufer**. ....
1.2 **Noch vor zwei Stunden** haben sie **verzweifelt** um ihr Leben gekämpft. ....
1.3 Ihr Schiff hatte **bis heute** so manchen Sturm **unbeschadet** überstanden. ....
1.4 **Wegen des extrem hohen Wellengangs** reduzierte man die Geschwindigkeit. ....
1.5 **Trotz dieser Massnahme** konnte das Unglück nicht verhindert werden. ....
1.6 **Zum Glück** trafen **innerhalb von zehn Minuten** die Rettungshelikopter ein. ....
1.7 **Jetzt** macht man sich grosse Sorgen um die vier vermissten Kameraden. ....
1.8 Man hofft, sie **noch diesen Abend im Umkreis des Schiffes** zu finden. ....

Übung 2

Unterstreichen und bestimmen Sie die Adverbialien.

2.1 Er erhielt eine Strafe wegen eines Ladendiebstahls. ....
2.2 Sie verreiste zur Erholung an die Nordsee. ....
2.3 Schon bald zeigten sich die ersten Schäden am Haus. ....
2.4 In zwei Stunden können wir uns vor dem Stadion treffen. ....
2.5 Unter diesen Umständen ziehen wir unseren Antrag sofort zurück. ....
2.6 Wir haben uns über deinen Sieg ausserordentlich gefreut. ....
2.7 Seit wann wohnt ihre Tochter nicht mehr zu Hause? ....
2.8 Schon bald sollten wir dieses Kapitel erfolgreich abschliessen können. ....

Übung 3

Appositionen. Setzen Sie die korrekten Endungen und die Kommas ein.

3.1 Wir gratulieren Frau Wenger d........... neu........... Personalchefin zum Geburtstag.
3.2 Die Polizei verhaftete den Täter ein........... 40-jährig........... Deutsch........... kurze Zeit später am Bahnhof.
3.3 Die Schliessung der Firma hat meinen Onkel ein........... langjährig........... Angestellt........... arbeitslos gemacht.
3.4 Nach Einschätzung Herrn Roths ein........... erfahre........... Finanzexpert........... wird sich die Krise noch verschärfen.
3.5 Uns d........... neu........... Spielerin........... im Team bringt man grosses Vertrauen entgegen.
3.6 Der Fahrer des roten Autos ein........... älter........... Opel........... flüchtete nach der Streifkollision.
3.7 Immer am Mittwoch mein........... frei........... Arbeitstag erledige ich die Hausarbeiten.
3.8 Die Träger brachten alles Material ins Versorgungslager A d........... wichtigst........... Stützpunkt der Expedition.
3.9 Es war ein regnerischer Tag, als der Vater uns mein......... Bruder und (ich) .... zum Bahnhof brachte.
3.10 Im Haus der Familie Keller uns........... Nachbar........... wurde gestern Nacht eingebrochen.

Satzglieder abgrenzen und bestimmen

Sätze bestehen aus verschiedenen Teilen mit unterschiedlichen Funktionen. Wenn die einzelnen Bauteile inhaltlich logisch und formal korrekt zusammengehängt sind, ergibt sich eine selbstständige sprachliche Einheit. Ein Satz kann verglichen werden mit einem Eisenbahnzug. Auch dieser besteht aus mehreren Teilen: Lokomotive, Passagierwagen, Güterwagen, Speisewagen und anderen. Ein Unterschied: Der wichtigste Teil einer Zugskomposition, die Lokomotive, befindet sich entweder an der Spitze oder am Schluss. Bei Sätzen steht der zentrale Bestandteil, das Prädikat, meistens an zweiter Stelle. Für die Abgrenzung und Bestimmung der einzelnen Satzglieder dient die sogenannte Umstell- oder Verschiebeprobe.

Beispiel einer Verschiebeprobe

Ausgangssatz

Das Rettungsteam	konnte	glücklicherweise	die Verschütteten	nach langer Suche	bergen.

Mögliche Umstellungen

Glücklicherweise	konnte	das Rettungsteam	die Verschütteten	nach langer Suche	bergen.
Nach langer Suche	konnte	glücklicherweise	das Rettungsteam	die Verschütteten	bergen.
Die Verschütteten	konnte	das Rettungsteam	glücklicherweise	nach langer Suche	bergen.

Nach der Abgrenzung können die Satzglieder bestimmt werden.

Das Rettungsteam	konnte	glücklicherweise	die Verschütteten	nach langer Suche	bergen.
Subjekt	Prädikat	Adverbiale	Objekt	Adverbiale	Prädikat

Die Verschiebeprobe zeigt:
> Das Prädikat (das konjugierte Verb «konnte») bleibt an zweiter Stelle.
> Aus mehreren Wörtern bestehende Teile bleiben zusammen («nach langer Suche»).
> Die einzelnen Teile sind nicht willkürlich angeordnet; es gibt innere Strukturen.

Definition Satzglied: Als Satzglied gilt, was sich innerhalb eines Satzes als Einheit verschieben lässt, ohne dass dadurch die Aussage verändert wird.

Hinweis zur Stilistik

Die deutsche Sprache lässt bei der Satzbildung verschiedene Varianten zu. Dies kann man nützen, um Abwechslung in den Satzbau zu bringen. Beispiel:
a) Sie verkaufte vor zwei Wochen das alte Haus. (Subjekt – Prädikat – Adverbiale – Objekt)
b) Vor zwei Wochen verkaufte sie das alte Haus. (Adverbiale – Prädikat – Subjekt – Objekt)
c) Das alte Haus verkaufte sie vor zwei Wochen. (Objekt – Prädikat – Subjekt – Adverbiale)
Die Betonung verlagert sich jeweils. Sie liegt bei b) auf «vor zwei Wochen», bei c) auf «das alte Haus».

Verschiedene Syntaxmodelle

Mithilfe der Grammatik wird versucht, die vielfältigen Erscheinungsformen der Sprache zu beschreiben und zu erklären. Zu diesem Zweck hat sich «eine Sprache über die Sprache», eine sogenannte Metasprache, entwickelt. So auch im Bereich der Satzlehre, fachsprachlich als «Syntax» bezeichnet. Das in diesem Buch dargestellte Modell der Satzlehre richtet sich nach der Funktion der einzelnen Teile innerhalb des Satzes. Andere Einteilungen basieren beispielsweise auf der Form. Daher können für das Gleiche unterschiedliche Terminologien bestehen. Beispiele: «Primäre Satzglieder» für Subjekt und Prädikat, «sekundäre Satzglieder» für Objekte und Adverbialien, «fallbestimmte Satzglieder» für die Objekte, «Präpokasus» für Präpositionalobjekt oder «adverbiale Ergänzungen» bzw. «Adverbialbestimmungen» für Adverbialien.

Übung 1

Schreiben Sie von folgenden Sätzen drei stilistisch vertretbare Varianten und bestimmen Sie die Anzahl Satzglieder.

Satz A: Du hast mir gestern mit deiner Hilfe einen grossen Dienst erwiesen.

Variante 1: ....

....

Variante 2: ....

....

Variante 3: ....

....

Satz B: Das fünfjährige Kind erzählte uns auf eindrückliche Weise seine Beobachtungen des Geschehens.

Variante 1: ....

....

Variante 2: ....

....

Variante 3: ....

....

Übung 2

Benennen Sie die Satzglieder in den Sätzen der Übung 1. Verwenden Sie folgende Abkürzungen:
S = Subjekt, P = Prädikat, O = Objekt, Adv. = Adverbiale

Übung 3

Schreiben Sie selber ein paar Sätze auf und lassen Sie die Satzglieder bestimmen.
Beschränken Sie sich auf eher einfache Hauptsätze; verzichten Sie auf Nebensätze.

Übung 4

Grenzen Sie die einzelnen Satzglieder ab und bestimmen Sie sie anschliessend.
Abkürzungen: S = Subjekt, P = Prädikat, O = Objekt, Adv. = Adverbiale

3.1   Ein hilfsbereiter Autofahrer fuhr das Unfallopfer sofort ins nahe gelegene Spital.

3.2   Dort musste die schwer verletzte junge Frau umgehend operiert werden.

3.3   Nach der mehrstündigen Operation zeigten sich die Ärzte für den Heilungsprozess sehr zuversichtlich.

3.4   Zur grossen Überraschung aller konnte die Frau bereits nach zehn Tagen das Spital verlassen.

3.5   In der Gerichtsverhandlung musste sie über den Unfallhergang eingehend Auskunft geben.

3.6   Die erst 20-Jährige hatte sich zum Glück vor dem Unfall den ganzen Tag jeglichen Alkoholkonsums enthalten.

3.7   Nach der Verhandlung fuhr sie mit einem Taxi zu ihren Eltern.

3.8   Die genauen Ursachen des Selbstunfalls liegen bis heute im Dunkeln.

Hauptsatz und Nebensatz

Ich stand auf. Ich begab mich ins Badezimmer. Ich nahm eine Dusche. Ich zog mich an. Ich ging in die Küche. Ich frühstückte. Ich machte mich auf den Weg zur Arbeit. – So monoton kann es tönen, wenn alle Sätze gleich aufgebaut sind. Dabei gibt es vielfältige Möglichkeiten, Bewegung und Abwechslung in den Satzbau zu bringen, etwa indem wir Konstruktionen mit Hauptsätzen und Nebensätzen bilden: *Ich stand auf und begab mich ins Badezimmer, wo ich eine Dusche nahm. Nachdem ich mich angezogen hatte, ging ich in die Küche. Dort frühstückte ich, bevor ich mich auf den Weg zur Arbeit machte.*

Unterscheidung Haupt- und Nebensatz

In der Regel benötigt man mindestens ein Subjekt und ein Prädikat, um einen vollständigen Satz zu bilden. Wenn ein vollständiger Satz allein stehen kann, nennt man ihn einen Hauptsatz, wenn er «allein nicht lebensfähig» ist, einen Nebensatz. Die Verbindung zwischen einem Hauptsatz und einem Nebensatz ist meist eine Konjunktion oder ein Relativpronomen.

Hauptsatz (HS)	Nebensatz (NS)
> Er kann allein stehen.	> Er kann nicht allein stehen.
> Der **konjugierte** Teil des Prädikats steht an zweiter Stelle (bei Fragen und Befehlen an erster Stelle).	> Der **konjugierte** Teil des Verbs steht am Schluss.
	> Er wird oft mit einer Konjunktion eingeleitet.

Hauptsatz

Reto **ist** noch nicht eingetroffen. Ihn **erwarten** wir noch. Dort **kommt** er. Jetzt **können** wir anfangen. Jeder dieser Hauptsätze beginnt mit einem anderen Satzteil, doch immer steht das Prädikat an zweiter Stelle.

Nebensatz

Ich glaube nicht, dass die bestellte Ware vor Ende der Woche eintrifft. (HS, NS)
Der Nebensatz wird mit einer Konjunktion (dass) eingeleitet. Das konjugierte Verb (eintrifft) steht am Schluss.

Wenn der Teilsatz nur aus Subjekt und Prädikat besteht, steht das Prädikat automatisch an zweiter Position, weil es ja nur zwei Stellen gibt.
> Wir bleiben zu Hause, denn **es regnet**. (HS, HS)
> Wir bleiben zu Hause, weil **es regnet**. (HS, NS)

Wenn man wissen will, ob es sich um einen Haupt- oder einen Nebensatz handelt, kann man den Teilsatz «aufblasen», d. h. weitere Satzteile einfügen:
> Wir bleiben zu Hause, denn **es regnet** heute schon den ganzen Tag stark. (HS, HS)
> Wir bleiben zu Hause, weil **es** heute schon den ganzen Tag stark **regnet**. (HS, NS)
Beim «denn»-Satz handelt es sich um einen Hauptsatz, denn das Prädikat bleibt an zweiter Stelle. Hingegen ist der «weil»-Satz ein Nebensatz, weil das Prädikat erst am Ende des Satzes erscheint, also quasi nach hinten geschoben wird.

Achtung: Was zuerst kommt, muss nicht immer der Hauptsatz sein. Man kann auch mit dem Nebensatz beginnen: Wenn du keine Zeit und Lust hast, gehen wir ohne dich. (NS, HS)
Wenn der Nebensatz zuerst steht, beginnt der Hauptsatz mit dem Prädikat. In diesem Fall nimmt der Nebensatz als Ganzes die erste Stelle im Satz ein, wie folgendes Beispiel zeigt:
Nachdem ich gegessen hatte, **machte** ich ein Nickerchen. (NS, HS)
Nach dem Essen **machte** ich ein Nickerchen. (HS)

Übung 1

Schreiben Sie den folgenden Satz so, dass er jedes Mal mit einem anderen Satzteil beginnt. Auf jede Schreibzeile kommt jeweils ein Satzteil.

Ich	traf	gestern	zufällig	Ursula	am Bahnhof.
......	......	......	......	......	......
......	......	......	......	......	......
......	......	......	......	......	......
......	......	......	......	......	......

Bei diesen Sätzen handelt es sich jedes Mal um ....sätze, denn ....

....

Übung 2

Setzen Sie passende Konjunktionen ein und bezeichnen Sie Hauptsatz (HS) und Nebensatz (NS).

2.1 .... der Preis hoch angesetzt ist, verkauft sich der Artikel gut. (.......... / ....)

2.2 Wir wissen nicht, ... alles so klappt, ... wir es wünschen. (.......... / .... / ....)

2.3 Es wurde mitgeteilt, ... die Vorstellung ausfallen müsse. (.......... / ....)

2.4 .... wir uns zurechtfinden, nehmen wir einen Stadtplan mit. (.......... / ....)

2.5 Wir fuhren los, ... alles Gepäck eingeladen worden war. (.......... / ....)

Übung 3

Erweitern Sie den **farbigen** Teil des Hauptsatzes zu einem ganzen Nebensatz.

3.1 **Trotz des starken Windes** gingen wir spazieren.

.... gingen wir spazieren.

3.2 **Nach dem Besuch des Museums** tranken wir einen Kaffee.

...., tranken wir einen Kaffee.

3.3 Das Spiel wurde **wegen heftigen Regens** abgesagt.

Das Spiel wurde abgesagt, ...

3.4 Ich glaube nicht **an eine baldige Besserung der Lage**.

Ich glaube nicht, ...

3.5 Der **gestern verhaftete** Mann hat die Tat gestanden.

Der Mann, ..., hat die Tat gestanden.

3.6 **Bei Bezahlung innert 10 Tagen** gewähren wir 2% Skonto.

...., gewähren wir 2% Skonto.

Übung 4

Bestimmen Sie Hauptsätze (HS) und Nebensätze (NS).

4.1 Ein Sitzungsgeld wird nur ausbezahlt, wenn die Sitzung länger als zwei Stunden dauert.

4.2 Bis er den Diebstahl bemerkte, war der Dieb schon längst verschwunden.

4.3 Wer andern eine Grube gräbt, fällt selbst hinein.

4.4 Nichts von dem, was er versprochen hat, hat er gehalten.

4.5 Wenn er kommt, bevor wir fertig sind, wird er glauben, dass wir getrödelt haben.

4.6 Weisst du, was dein Kollege sagt, wenn er sieht, dass du ihm schon wieder das Heft weggenommen hast, damit du die Aufgaben abschreiben kannst, weil du sie selber nicht machen wolltest?

Satzverbindung, Satzgefüge und Ellipse

Wie wir wissen, können Hauptsätze allein stehen, Nebensätze hingegen nicht. Einen allein stehenden Hauptsatz nennt man auch einen *einfachen Satz*. Werden verschiedene Hauptsätze aneinandergehängt, erhält man eine *Satzverbindung*. Von einem *Satzgefüge* spricht man, wenn ein Hauptsatz mit einem oder mehreren Nebensätzen kombiniert wird. Ein Satz mit fehlenden Teilen wird als Ellipse bezeichnet.

Satzverbindung

Hängen wir zwei oder mehrere Hauptsätze (HS) zusammen, entsteht eine Satzverbindung:
> Ich sollte ihn dringend anrufen. Ich habe seine Nummer vergessen. (HS. HS.)
> Ich sollte ihn dringend anrufen, aber ich habe seine Nummer vergessen. (HS, HS.)

Typische Konjunktionen für Satzverbindungen sind **und**, **oder**, **aber**, **denn**.

Satzgefüge

Kombinationen von einem Hauptsatz (HS) mit einem oder mehreren Nebensätze (NS) heissen Satzgefüge.
> Als er mich erblickte, erschrak er sehr. (NS, HS.)
> Das glaube ich erst, wenn ich es sehe. (HS, NS.)
> Falls sie anruft, bevor ich zurück bin, sag ihr, Herr Huber warte mit dem Versand der Prospekte, bis die Preislisten vorlägen. (NS, NS, HS, NS, NS.)

Typische Nebensatzarten bei Satzgefügen sind:
> Relativsätze: Das war eine Überraschung, **die ich nicht so schnell vergessen werde**.
> Konjunktionalsätze: Ich glaube nicht, **dass das stimmt**.
> Infinitivsätze: Wir mussten uns beeilen, **um den Zug noch zu erwischen**.
> Partizipialsätze: **Frustriert vor sich hin fluchend**, fing er nochmals von vorne an.

Nebensätze sind eigentlich Satzteile eines Hauptsatzes, welche aber jetzt ein eigenes Subjekt und Prädikat haben. **Bei meinem Anblick** → **Als er mich erblickte**, erschrak er sehr.

Stilistischer Hinweis: «weil»-Sätze sind Nebensätze, in denen das Verb am Schluss steht. Konstruktionen mit «weil» sind also Satzgefüge, keine Satzverbindungen.
Falsch: Wir ärgerten uns, weil schon nach zehn Minuten waren keine Getränke mehr erhältlich.
Richtig: Wir ärgerten uns, weil schon nach zehn Minuten keine Getränke mehr erhältlich **waren**.

Ellipse

Aus einem Satz kann man Wörter oder gar ganze Satzteile entfernen; trotzdem ist er noch verständlich. In diesem Fall spricht man von einer Ellipse.

| Wenn Sie diese Flasche einmal geöffnet haben, | sollten Sie sie im Kühlschrank aufbewahren. |
| **Einmal geöffnet,** | **im Kühlschrank aufbewahren.** |

Ellipsen halten sich an die Satzzeichensetzung, wie wenn sie vollständige Sätze wären.

Die Ellipse ist auch ein Mittel der Sprachökonomie, denn mit Ellipsen kann in bestimmten Situationen wertvolle Zeit gespart werden. Beispiel: Statt **«Ich bin in Not. Bitte kommen Sie möglichst schnell, ich brauche Ihre Hilfe!»** ruft man **«Hilfe!»**.
Ebenso kann mit dem Ellipsen-Stil Platz gespart werden, so etwa bei SMS-Botschaften. **Sitzung bis 19.30 Uhr. Komme dann gleich. Kinder schon Bett?**
Auch bei Schlagzeilen werden oft Ellipsen verwendet: **Decke eingestürzt. Unglaublich: Niemand verletzt! / Vermisste Kinder gefunden. Eltern überglücklich!**

Übung 1

Bestimmen Sie: Satzverbindung (SV), Satzgefüge (SG) oder einfacher Satz (ES)?

1.1 Wo ein Wille ist, ist auch ein Weg. ....
1.2 Wenn etwas schiefgehen kann, wird es schiefgehen. (Murphys Gesetz) ....
1.3 Ein Küsschen in Ehren kann niemand verwehren. ....
1.4 Quäle nie ein Tier zum Scherz, denn es fühlt wie du den Schmerz. ....
1.5 Je höher man steigt, desto tiefer fällt man. ....
1.6 Wie man in den Wald ruft, so tönt es zurück. ....

Übung 2

Formen Sie aus den einzelnen Sätzen ein Satzgefüge.

2.1 Bitte kommen Sie rechtzeitig. Wir können dann pünktlich beginnen.
   HS, NS: ....

2.2 Ich freue mich sehr auf die nächste Woche. Dann fahre ich endlich nach Italien in die Ferien.
   HS, NS: ....

2.3 Sie hatten das Hotelzimmer bezogen. Sie wollten in der Stadt etwas essen gehen.
   NS, HS: ....

2.4 Ich hatte Fieber und Kopfschmerzen. Aber ich ging zur Arbeit.
   NS, HS: ....

Übung 3

Formen Sie den farbigen Satzteil zu einem ganzen Nebensatz um.
Beispiel: Wir warten **auf die Abfahrt des Zuges**. → Wir warten, **bis der Zug abfährt**.

3.1 Wir können **wegen des Stromausfalls** nicht kochen.
   ....

3.2 Ein **zufällig anwesender** Arzt leistete erste Hilfe.
   ....

3.3 **Während der Fahrt nach Luzern** besprachen sie das Problem.
   ....

3.4 Die Spieler waren stolz **trotz der Niederlage**.
   ....

3.5 Wir lernen die Wörter **durch gegenseitiges Abfragen**.
   ....

Übung 4

Verkürzen Sie zu Ellipsen. Beispiel: ~~Sie müssen nur~~ heisses Wasser darübergiessen – und ~~die Mahlzeit ist~~ fertig.

4.1 Bevor Sie mit dem Öffnen des Gerätes beginnen, sollten Sie den Stecker aus der Steckdose ziehen.
4.2 Sie sind gebeten, den Lift nicht zu überladen, sonst besteht Blockierungsgefahr.
4.3 Das Team hat wieder gewonnen! Jetzt ist die Qualifikation für die Endrunde fast sicher!
4.4 Machen Sie Ferien im Wallis, das ist ein garantierter Genuss für Sie!
4.5 Es ist ein Kind entführt worden. Die Entführer fordern von den Eltern ein hohes Lösegeld.

Übung 5

Suchen Sie in Zeitungen Beispiele für den Ellipsen-Stil (z. B. Überschriften und Schlagzeilen).
Erweitern Sie diese Beispiele wieder zu vollständigen Sätzen.

Relativsatz

Der Relativsatz heisst so, weil er mit einem Relativpronomen eingeleitet wird. Ob man als Relativpronomen *der/die/das* im erforderlichen Fall oder *welch-* verwendet, spielt keine Rolle.

Bezug des Relativpronomens

Das Relativpronomen sollte sich jeweils auf das letztgenannte Nomen oder Pronomen im Hauptsatz beziehen:
> Die Leute, *die in der Nähe standen*, wurden Zeugen eines merkwürdigen Schauspiels.
> Sie ist eine von den Kolleginnen, *die mir sehr geholfen haben*. (Bezugswort **Kolleginnen**)

Wenn man die Bezugsregel missachtet, können missverständliche Sätze entstehen:
> Ich schaue die Bilder meiner Freunde an, **die** an der Wand hängen.

Stellung des Relativsatzes

Der Relativsatz wird häufig an den Hauptsatz angeschlossen:
> Ich traf eine Freundin, **welche ich seit Jahren nicht mehr gesehen hatte**.

Oder er wird in den Hauptsatz eingeschoben:
> Eine Ärztin, **die zufällig anwesend war**, leistete erste Hilfe.

Der Relativsatz kann auch am Anfang des Satzgefüges stehen. Aus stilistischen Gründen ist diese Form jedoch zu vermeiden.
> **Was mich ärgert**, ist, wenn Leute sich vordrängen.
>   Besser: Es ärgert mich, wenn Leute sich vordrängen.

Relativsätze mit Präposition

Als Relativsätze gelten auch jene, die mit einer Präposition und einem Relativpronomen eingeleitet werden:
> Das Buch, **von dem sie gesprochen hat**, werde ich mir auch kaufen.
> Das ist eine Angelegenheit, **über die wir noch sprechen müssen**.

Das Relativpronomen *was*

Relativsätze werden mit dem Relativpronomen *was* eingeleitet, wenn sie
a) auf ein indefinites Pronomen bezogen sind: Das ist **alles, was** ich weiss.
b) auf einen allein stehenden Superlativ bezogen sind: Das ist **das Beste, was** du tun kannst.
c) auf den ganzen Hauptsatz bezogen sind: **Sie hat mir einen Dankesbrief geschickt, was** mich sehr gefreut hat.

In den gleichen drei Fällen werden jeweils Relativpronomen und Präposition zu einem Wort zusammengezogen:
a) Da geschah etwas, **womit** (nicht: mit dem) ich nicht gerechnet hatte.
b) Das Wichtigste, **worauf** (nicht: auf was) Sie achten müssen, ist diese Liste.
c) Sie hat mir die verlorene Brieftasche zurückgebracht, **wofür** ich ihr herzlich danke.

Nach Sachnomen müssen Präposition und Pronomen getrennt werden:
> Das gibt ein **grosses Fest, auf das** (nicht worauf) ich mich sehr freue.

Übung 1

Setzen Sie Relativpronomen ein.

1.1 Ist das die Kundin, ... du gestern geschrieben hast?

1.2 Er gehört auch zu den Leuten, ... gekündigt wurde.

1.3 Das ist eine von drei Flaschen, ... sich im Geschenkkorb befand............

1.4 Die neue Aufgabe, ... ich mich zuerst nicht gewachsen fühlte, stellte sich als viel leichter heraus, ... mir neuen Mut machte.

1.5 Dieses Kleid ist das teuerste, ... ich je gekauft habe.

1.6 Viele Wanderer, ... wir begegneten, grüssten uns freundlich.

1.7 Es gibt noch vieles, ... mich interessiert.

1.8 Ich musste meine Kollegin trösten, ... Auto gestern gestohlen wurde.

1.9 Mofas, ... Motoren lärmen, gehen mir auf die Nerven.

1.10 Zahnarztbesuche sind für mich wohl das Unangenehmste, ... es gibt.

Übung 2

Setzen Sie Relativpronomen und Präposition (getrennt oder verbunden) ein.

2.1 Das ist etwas, ... ich mir keine Vorstellung machen kann.

2.2 Die wichtigste Aufgabe, ... er sich kümmert, ist die Betreuung der Reklamationen unzufriedener Kunden.

2.3 Sie ist eine Lehrerin, ... ich viel gelernt habe.

2.4 Es ist doch nur eine Kleinigkeit, ... du dich so ärgerst.

2.5 Die Leute, ... ich zusammenarbeite, sind alle sehr nett.

2.6 Ein Sechser im Lotto ist etwas, ... viele Leute träumen.

2.7 Das ist einer von mehreren Begriffen, ... ich mir nichts Konkretes vorstellen kann.

2.8 Er hat 1000 Franken zurückbezahlt, ... seine Schulden beglichen sind.

2.9 Die Schmiergeldaffäre, ... er gestolpert ist, hat ihn sein Amt gekostet.

2.10 Es gibt nichts, ... ihr euch entschuldigen müsstet.

Übung 3

Verbessern Sie folgende Sätze, indem Sie **nicht** mit dem Relativsatz beginnen.

3.1 Was mir immer wieder auffällt, ist, wie freundlich die Leute sind.

3.2 Was einen schlechten Eindruck macht, ist seine unordentliche Art, sich zu kleiden.

3.3 Was leider trist aussieht, sind die grauen Betonwände.

3.4 Was man sofort feststellt, ist, wie hell die Büros wirken.

3.5 Was unschön ist, ist, wenn man ein Satzgefüge mit dem Relativsatz beginnt.

Übung 4

Nur in zwei Sätzen stimmt der Bezug des Relativpronomens. Verbessern Sie die anderen Sätze.

4.1 Es stand ein Kuchen auf dem Tisch, der uns wunderbar schmeckte.

4.2 Plötzlich fiel ein Gast in den Swimmingpool, welcher schon etwas betrunken war.

4.3 Raupen verwandeln sich in Schmetterlinge, die oft wunderschön anzusehen sind.

4.4 Eine Neuheit sind die Einzelsitze für die hinteren Passagiere, die versenkt werden können.

4.5 Ein Mitglied meldet sich am Telefon, das gerne juristisch beraten werden möchte.

4.6 Wir erblickten die Katze der Nachbarin, welche ab und zu in unserem Garten Mäuse fängt.

4.7 Die Chefin präsentierte die Resultate der Arbeitsgruppe, die das Problem analysiert hatte.

Konjunktionalsatz

Die häufigste Art von Nebensätzen ist der *Konjunktionalsatz*. Wie sein Name es sagt, wird er jeweils mit einer Konjunktion (dass, wenn, da ...) eingeleitet.

Häufige verwendete Konjunktionen

Dies sind die am häufigsten verwendeten Konjunktionen bei Konjunktionalsätzen:

wenn	da	falls	während
weil	damit	als	nachdem
dass	ob	bis	bevor
sodass	obwohl	seit	solange

Die Konjunktionen spielen eine entscheidende Rolle bei der Satzaussage:

Er erhält mehr Taschengeld,
- **falls** er fleissig ist. (Bedingung)
- **weil** er fleissig ist. (Begründung)
- **damit** er fleissig ist. (Absicht)
- **solange** er fleissig ist. (Zeitraum)
- **obwohl** er nicht fleissig ist. (Einräumung)

Hinweise zum Gebrauch und Stil

Konjunktionen wie und, oder, aber leiten Hauptsätze ein. Also ist nicht jeder Satz, der mit einer Konjunktion beginnt, ein Nebensatz:
> Ich würde gerne mitkommen, aber ich habe leider keine Zeit. (HS, HS.)

Der Konjunktionalsatz kann auch am Anfang des Satzgefüges stehen:
> Weil es regnet, bleiben wir zu Hause.

In einigen Fällen kann die einleitende Konjunktion weggelassen werden:
> Wenn wir rechtzeitig angefangen hätten, wären wir nicht in Zeitnot geraten.
> Hätten wir rechtzeitig angefangen, wären wir nicht in Zeitnot geraten.

In «dass»-Sätzen ist es meist stilistisch eleganter, wenn man die Konjunktion weglässt:
> Ich glaube, dass er heute nicht mehr vorbeikommt.
> Ich glaube, er kommt heute nicht mehr vorbei.

Durch das Weglassen der Konjunktion dass rutscht das Prädikat von seiner Nebensatzposition am Ende des Satzes nach vorne an die 2. Stelle. Dennoch gilt der Satz weiterhin als Nebensatz.

Dies gilt vor allem bei der indirekten Rede, wo die Konjunktion dass vermieden werden sollte:
> Sie sagte, dass sie nach Hause gehe.
> Sie sagte, sie gehe nach Hause.

Übung 1

Unterstreichen Sie im folgenden Text alle Konjunktionalsätze. Wie viele finden Sie?

> Das Schiff sackte unter ihm weg und hob sich, als wollte es sich senkrecht auf den Bugspriet stellen, er wurde gegen das Bettgestänge geschleudert, stützte den Anprall mit blitzschnell vorgezogenen Händen ab und hörte, wie die Stühle über den Boden rutschten und gegen die Wand krachten. Wenn das Schiff einbrach, ertönte ein dumpfer Knall, und ein Zittern lief durch den Rumpf wie ein Schauer. Wieder sackte das Schiff weg und holte schwer über; die Spindtür flog auf, Freds Koffer rutschte aus dem obersten Fach und schollerte durch den Raum. «Vielleicht ist das die Zeit», dachte Freytag, «die Zeit des Sturms kann eine Änderung bringen. Jetzt müssen wir etwas Neues versuchen.» Er überlegte, ob er zu Philippi hinaufgehen und mit ihm sprechen sollte, obwohl er wusste, was erfolgen würde, sobald die Direktion ihre Lage erfahren hätte: Sie würden ein Polizeiboot schicken und ihn und die Besatzung auffordern, mit der Polizei zusammenzuarbeiten, und die Direktion würde nicht zweifeln, damit den besten Rat gegeben zu haben. Doch er brauchte sich nicht anzustrengen, um vorauszusehen, was an Bord geschehen würde, sobald das Polizeiboot vor dem Schiff erschien. Er dachte an Gombert und an das, was er einzuleiten versucht hatte, als er Doktor Caspary in das Kartenschapp brachte; damals war Freytag dagegen gewesen, weil er seinen eigenen Plan hatte, aber würde er jetzt, da sein Plan nicht mehr galt, auch noch rückgängig zu machen versuchen, was Gombert – oder ein anderer von der Besatzung – tun würde, weil er sich genötigt fand, einen Anfang zu machen? Freytag dachte daran, ohne sich zu entschliessen.
>
> Aus: Siegfried Lenz, *Das Feuerschiff*. © Hoffmann und Campe, Hamburg, 1960.
> Mit freundlicher Genehmigung von Hoffmann und Campe.

Übung 2

Setzen Sie passende Konjunktionen ein.

2.1 Er bestellte das teuerste Menu, ... er es sich eigentlich nicht leisten konnte.

2.2 Beeile dich ein wenig, ... wir endlich gehen können!

2.3 Lernen Sie Englisch, ... Sie einen Sprachkurs in England besuchen.

2.4 .... alles gelingt, kann ich noch nicht sagen.

2.5 .... alles gelingt, kann ich auch nicht versprechen.

Übung 3

Verbessern Sie die Fehler.

3.1 Nachdem Sie im Parkverbot stehen, müssen Sie eine Busse bezahlen.

....

3.2 Ich schliesse das Geld im Schreibtisch ein, sodass es nicht gestohlen wird.

....

3.3 Wir müssen möglichst ruhig sein, dass wir die anderen nicht wecken.

....

3.4 Ich schlage vor, wir fangen schon um sechs Uhr morgens an, weil sonst kommen wir in Zeitnot.

....

Übung 4

Schreiben Sie folgende Sätze ohne einleitende Konjunktion.

4.1 Wenn er nicht so schnell gefahren wäre, hätte sich der Unfall nicht ereignet.

....

4.2 Er behauptete steif und fest, dass er geglaubt habe, dass das Parkieren hier erlaubt sei.

....

4.3 Wenn man ihn fragt, behauptet er, dass alles in Ordnung sei.

....

Nebensätze ohne konjugiertes Verb

Infinitivsatz und Partizipialsatz gelten als Nebensätze, obwohl sie kein konjugiertes Verb aufweisen. Deshalb hat ihr «Prädikat», das heisst der Infinitiv oder das Partizip, dasselbe Subjekt wie der Hauptsatz.

Der Infinitivsatz

Wie der Name es sagt, steht das Prädikat im Infinitiv.
> Viel zu rasch wurde es Zeit, nach Hause **zu gehen**. (HS, NS.)
> Ohne ein Wort **zu sagen**, erhob er sich und verliess den Raum. (NS, HS.)

Für «um zu»-Sätze gilt:
1. Das Subjekt des Hauptsatzes ist auch das Subjekt des Infinitivsatzes:
   Ich ging in die Stadt, um einzukaufen. (ich ging / ich kaufte ein)
   Falsch: Die Stadt lockte uns mit den vielen Läden an, um einzukaufen. (Die Stadt lockt, aber sie kauft nicht ein …)
2. Sie drücken eine Absicht aus:
   Ich ging in die Stadt, um einzukaufen. (… weil ich einkaufen wollte.)
   Falsch: Er führte das Rennen lange Zeit souverän an, um dann leider kurz vor dem Ziel durch einen Sturz auszuscheiden. (Er führte das Rennen wohl kaum an, weil er die Absicht hatte, später zu stürzen …)

Der Partizipialsatz

Sein Prädikat ist ein Partizip Präsens oder ein Partizip Perfekt.
Ärgerlich vor sich hin *schimpfend*, machte er sich an die Arbeit. (NS, HS.)
Auf dem Tisch stand eine feine Torte, **hübsch mit Zuckerguss *verziert***. (HS, NS.)

Auch für den Partizipialsatz gilt: Er muss das gleiche Subjekt haben wie der Hauptsatz.
> Er kam die Treppe hinauf, vergnügt ein Liedchen pfeifend. (er kam / er pfiff)

Bei Missachtung dieser Subjekt-Regel entstehen unsinnige Sätze:
> Die Strasse hinunter spazierend, bot uns der Eiffelturm einen spektakulären Anblick.
  (Der Eiffelturm hat zwar vier «Beine» und sähe auf seinem Spaziergang sicher toll aus, aber der Satz stimmt so natürlich nicht.)
> Von der Krankheit wieder geheilt, entliess mich der Arzt wieder aus dem Spital.
  (Wer war geheilt?)

Kommasetzung

Das Komma ist beim Infinitivsatz meist freiwillig: Ich freue mich(,) euch zu sehen.
In drei Fällen ist aber ein Komma notwendig:
> nach **um** / **ohne** / **anstatt** zu: Man braucht eine Parkkarte, um hier parkieren zu dürfen.
> bei Abhängigkeit von einem Nomen: Es war nicht meine Idee, die Tür rosa zu streichen.
> nach einem Hinweiswort: Ich freue mich darauf, euch zu sehen.

Da es nie falsch ist, ein Komma zu setzen, empfiehlt es sich, nach folgender Regel zu verfahren:
Steht der «nackte» Infinitiv mit «zu», wird kein Komma gesetzt: → Ich entschloss mich zu warten. Sobald ein Wort mehr als der Infinitiv und «zu» steht, Komma setzen: → Ich entschloss mich, noch zu warten.

Bei längeren Partizipialsätzen ist ebenfalls ein Komma sinnvoll:
> Keuchend kam er die Treppe hinauf.
> Vor Anstrengung ziemlich heftig keuchend(,) kam er die Treppe hinauf.

Übung 1

Unterstreichen Sie die Infinitivsätze und setzen Sie die Kommas. Wo kann ein Komma den Sinn des Satzes ändern?

1.1 Es ist nicht immer leicht für ihn ein passendes Geschenk zu finden.
1.2 Es geht in der Sitzung darum eine Lösung für das Finanzproblem zu finden.
1.3 Um effizienter zu arbeiten erstellt man am besten vorgängig einen Plan.
1.4 Das grösste Problem war es ein Stück Draht aufzutreiben.
1.5 Nehmt doch den Zug statt mit dem Auto lange im Stau zu stehen.
1.6 Ich beschloss am Abend nicht mehr spazieren zu gehen.
1.7 Haben Sie auch schon daran gedacht ein höheres Diplom anzustreben?
1.8 Der Gemeinderat entschied sofort die Bevölkerung zu informieren.

Übung 2

Geben Sie die Sätze mithilfe von Infinitivkonstruktionen wieder (um zu; ohne zu; anstatt zu).
Beispiel: Ich wollte einkaufen. Ich ging in die Stadt. → **Ich ging in die Stadt, um einzukaufen.**

2.1 Sie wollte die Lebensgeister wieder wecken. Sie machte sich einen Kaffee.

....

2.2 Du würdest besser mithelfen. Aber du kritisierst nur.

....

2.3 Sandra legt jeden Monat Geld zur Seite. Sie möchte ein Auto kaufen.

....

2.4 Der Kleine holte sich Schokolade aus dem Schrank. Die Mutter fragte er nicht.

....

Übung 3

Sind die folgenden Sätze korrekt (✓) oder falsch (F)? Wenn falsch, verbessern Sie.

3.1 Ich besuchte den Berufsberater, um mir einen passenden Beruf vorzuschlagen.
3.2 Der Mann setzte sich kurz hin, um aber schon an der nächsten Haltestelle auszusteigen.
3.3 Alle wissen, dass die Malediven schön sind, um dort Ferien zu machen.
3.4 Um über das Weltgeschehen informiert zu sein, lese ich jeden Tag die Zeitung.
3.5 Der Nachbar pflanzt, hackt und jätet, um sich dann am Feierabend ein Bier zu gönnen.
3.6 Ich rief die Feuerwehr, um den Brand zu löschen.
3.7 Die Kinder trugen Holz zum Picknickplatz, um dort ein Feuer zu machen.
3.8 Eine Anleitung wird mitgeliefert, um keine Fehler in der Bedienung zu machen.
3.9 Er bereitete sich seriös auf die Prüfung vor, um dann leider doch knapp durchzufallen.

Übung 4

Richtig (✓) oder falsch (F)? Verbessern Sie, was falsch ist.

4.1 Endlich zu Hause angekommen, machte ich mir zuerst einen heissen Tee.
4.2 Den Grosseltern zuwinkend, machten sie sich schliesslich auf den Weg.
4.3 Das Fussballspiel am Fernseher verfolgend, fiel im spannendsten Moment plötzlich der Strom aus.
4.4 Die Wanderer erreichten die Hütte, vom Regen durchnässt und vom eisigen Wind steifgefroren.
4.5 Kaum im Hotel angekommen, ging unser Stress schon weiter.
4.6 Im Büro des Chefs sitzend, tauchte schon das erste Problem auf.
4.7 Mit feinen Hundeflocken gefüttert, gehe ich anschliessend mit Fido spazieren.
4.8 Viele schöne Tore schiessend, wurde den Zuschauern von unserem Fussballklub ein spannender Nachmittag geboten.
4.9 Beiliegend schicken wir Ihnen unseren neusten Katalog.
4.10 Erfreut über das gute Resultat, rief sie sogleich ihre Eltern an.

Zeichensetzung

Kommasetzung: Einführung	**114**
Das Komma zwischen Sätzen	**116**
Das Komma im Satzinnern	**118**
Punkt, Strichpunkt	**120**
Ausrufezeichen, Fragezeichen, Doppelpunkt, Anführungszeichen	**122**
Klammer, Gedankenstrich	**124**
Hilfszeichen: Apostroph, Bindestrich, Schrägstrich	**126**

Kommasetzung: Einführung

«Ich setze die Kommas nach Gefühl», hört man häufig. Doch dieses Gefühl trügt leider in vielen Fällen. Die Kommasetzung im Deutschen ist ziemlich genau geregelt, doch ist sie nicht so schwierig, wie viele denken. Wenn man sich einige wenige Regeln merkt, setzt man die meisten Kommas richtig.

Klarheit durch Kommas

Das Komma ist in erster Linie dazu da, Ordnung in einen Satz zu bringen, damit man ihn leichter lesen kann.
Manchmal denke ich besonders wenn längere Sätze zu bewältigen sind es sei ganz praktisch Kommas Strichpunkte Klammern setzen zu können oder sie beim Lesen vorzufinden obwohl man wie alle wissen beim Sprechen keine Satzzeichen verwendet was gar nicht möglich wäre.
Wie unübersichtlich wirkt ein solcher Satz!

Daneben gibt es auch das Komma, das den Sinn des Satzes erst festlegt:
Ich rate ihnen zuerst einmal nicht das Problem darzulegen.

Ich rate, ihnen zuerst einmal nicht das Problem darzulegen.
Ich rate ihnen, zuerst einmal nicht das Problem darzulegen.
Ich rate ihnen zuerst, einmal nicht das Problem darzulegen.
Ich rate ihnen zuerst einmal, nicht das Problem darzulegen.
Ich rate ihnen zuerst einmal nicht, das Problem darzulegen.

Komma als Lebensretter?

Im Zusammenhang mit der Kommasetzung gilt es, zwei «Komma-Märchen» auszuräumen:

Das eine ist tatsächlich eine Art Märchen vom lebensrettenden Komma. Es wird mit Vorliebe verwendet, um die Wichtigkeit des Kommas als Satzzeichen zu demonstrieren: Der russische Zar soll einmal – in Zusammenhang mit dem Gnadengesuch eines zum Tode Verurteilten – seinem Sekretär ein Telegramm mit folgendem Text ausgehändigt haben: **«Begnadige nicht hinrichten!»** Was heisst das nun? Ich begnadige ihn, nicht hinrichten? Oder: Ich begnadige ihn nicht, hinrichten! Der Sekretär war ein Menschenfreund und setzte das Komma wie folgt: **«Begnadige, nicht hinrichten!»** – Niemand hat jedoch bis heute erklären können, weshalb der russische Zar ein Telegramm in deutscher Sprache abgefasst und woher der Sekretär die Bedeutung der Kommasetzung gekannt hat …

Das andere Märchen ist grammatikalischer Natur. Offenbar wird und wurde in der Schule immer wieder gelehrt, vor «und» stehe nie ein Komma. Eine solche Regel existiert nicht – sie wäre ohnehin falsch. Es gibt immer wieder Fälle, wo vor «und» ein Komma nötig ist. Von einem bekannten deutschen Sprachkritiker stammt das Beispiel: **Der Zug überfuhr eine Kuh, die auf den Schienen stand und entgleiste.** Damit nicht unfreiwillig komisch die Kuh entgleist, muss vor «und» das Komma gesetzt werden.

Übung 1

Setzen Sie bei folgendem Satz die Kommas.

Manchmal denke ich besonders wenn längere Sätze zu bewältigen sind es sei ganz praktisch Kommas Strichpunkte Klammern setzen zu können oder sie beim Lesen vorzufinden obwohl man wie alle wissen beim Sprechen keine Satzzeichen verwendet was gar nicht möglich wäre.

Übung 2

Testen Sie Ihre Komma-Sicherheit: Drei Sätze dieser Übung haben ein Komma, drei Sätze zwei Kommas und drei Sätze kein Komma.

2.1 Das auf heute Abend angesetzte Konzert der Gruppe «Alpenrocker» muss leider wegen Erkrankung eines der Bandmitglieder auf einen Zeitpunkt nach den nächste Woche beginnenden Sommerferien verschoben werden.
2.2 Gut ich komme vorbei und zwar gleich morgen.
2.3 Ein Markensammler löst Briefmarken vorsichtig ab und bewahrt sie sorgfältig auf denn beschädigte Marken haben keinen Wert mehr und können ebenso gut weggeworfen werden.
2.4 Der Velorennfahrer musste einem Kind ausweichen das auf die Strasse rannte und stürzte dabei schwer.
2.5 Die vom Räuber am Tatort zurückgelassene Mütze führte die Polizei auf seine Spur.
2.6 An einem schönen warmen Morgen im Frühling letzten Jahres sassen wir auf der Terrasse und nahmen das Frühstück ein.
2.7 Wir gaben die Karte dem Leiter der Gruppe damit er die Marschroute bestimmen konnte.
2.8 Wer die Geschwindigkeit massiv überschreitet muss nicht nur mit einer saftigen Busse sondern unter Umständen auch mit einem Führerscheinentzug rechnen.
2.9 Genau in diesem Moment kam unser Nachbar mit seinem Hund um die Ecke und erblickte die ganze Bescherung in seinem Garten.

Übung 3

Erst das Komma macht folgende Sätze eindeutig. Wo können Kommas gesetzt werden?
Erklären Sie die unterschiedlichen Varianten.

3.1 Die Menschen nicht die Mauern machen die Stadt aus.
3.2 Die Gesellschaft war betrunken bis auf den letzten Mann.
3.3 Die Kinder klatschten besonders wenn der Clown auftrat.
3.4 Thomas mein Nachbar und ich waren gestern in Bern.
3.5 Der brave Mann denkt an sich selbst zuletzt.
3.6 Sie hat den schönsten Mund weit und breit.
3.7 Ich möchte wie mein Vater Millionär werden.
3.8 Sie beschlossen noch am selben Tag nach Hause zu fahren.
3.9 Herr Braun ist mein einziger untauglicher Mitarbeiter.
3.10 Ich mag Freunde die lügen nicht.
3.11 Hier wird die Post die eingeht im Laufe des Tages sortiert.
3.12 Jetzt freue ich mich wieder arbeiten zu dürfen.

Übung 4

Setzen Sie die Kommas(,) und prüfen Sie, ob vor «und» ein Komma stehen muss.

Man kann sich fragen ob alle Lehrpersonen die Deutsch unterrichten die Kommaregeln kennen und zweifelt manchmal daran. Denn es gibt solche die behaupten vor «und» stehe nie ein Komma und die Lernenden glauben das was ihnen gesagt wird und lernen eine Regel die nicht stimmt und machen so Fehler. Wer allerdings etwas von Satzbau versteht und Haupt- und Nebensätze erkennt hat mit dem Komma vor «und» keine Probleme und vermeidet entsprechende Kommafehler.

Das Komma zwischen Sätzen

Zwei wesentliche Kommaregeln im Deutschen besagen, dass zwischen Haupt- und Nebensätzen in der Regel Kommas stehen, ebenso zwischen verschiedenen abhängigen Nebensätzen. Wenn man diese zwei Regeln beachtet, sind mehr als die Hälfte aller Kommas richtig gesetzt. Auch zwischen zwei Hauptsätzen steht in der Regel ein Komma. Bei einer Verknüpfung von Hauptsätzen mit «und» bzw. «oder» kann jedoch auf das Komma verzichtet werden.

Faustregel

Auf folgenden Grundsatz kann man sich verlassen:

Es ist nie falsch, zwischen einem Hauptsatz und einem Nebensatz ein Komma zu setzen.

Genauere Regeln

Regel	Beispiele
Komma zwischen vollständigen Hauptsätzen	> Wir müssen vorsichtig fahren, denn die Strassen sind glatt. (HS, HS) > Es gibt für die Vorstellung noch Billette, aber Sie müssen sich rasch entscheiden, sonst hat es plötzlich keine freien Plätze mehr. (HS, HS, HS.)
Freiwilliges Komma bei Hauptsätzen, die mit «und» bzw. «oder» verbunden sind	> Diese beiden Hauptsätze sind durch «und» verbunden(,) **und** deshalb ist ein Komma hier fakultativ. (HS(,) und HS.) > Zwischen zwei durch «oder» verbundenen Hauptsätzen kann man ein Komma setzen(,) **oder** es kann weggelassen werden. (HS(,) oder HS.)
Komma zwischen Hauptsatz und Nebensatz	> Wir fangen an, wenn alle da sind. (HS, NS) > Damit ihr euch zurechtfindet, lege ich einen Plan bei. (NS, HS) > Dort, wo das alte Kino stand, ist ein modernes Geschäftshaus gebaut worden. (H-, NS, -S)
Komma zwischen Hauptsatz und gewissen Infinitivsätzen bzw. Partizipialsätzen	> Ich empfehle dir(,) den Film anzusehen. > Mit den Jacken winkend(,) versuchten die Bergsteiger(,) den Helikopterpiloten auf sich aufmerksam zu machen. Aber: > Ich freue mich **darauf**, den Film anzusehen. > Er ging weg, **ohne** zu warten.
Kommas zwischen verschiedenen abhängigen Nebensätzen	> Ich bin nicht sicher, ob er sich bewusst ist, dass eine Vermarktung nur infrage kommt, wenn die Qualität verbessert wird, damit das Produkt überhaupt eine Chance hat. (HS, NS1, NS2, NS3, NS4)
Kein Komma zwischen mehreren Nebensätzen, die mit «und» verbunden sind	> Ich sorge dafür, dass für die Sitzung alle Unterlagen kopiert sind und dass die Getränke bereitstehen. (HS, NS1 und NS2)
Freiwilliges Komma zwischen Hauptsatz und Satzgefüge	> Wir warten noch fünf Minuten(,) und wenn er bis dann nicht da ist, gehen wir ohne ihn. (HS(,) SG (= NS, HS))

Übung

Setzen Sie im folgenden Text die Kommas. Achten Sie dabei bewusst auf die Satzstrukturen: Wo sind die Hauptsätze? Welches sind Nebensätze?

Sprachkompetenz

Obwohl eine gepflegte und korrekte Sprache etwas vom Wichtigsten ist, achten heute Sprechende und Schreibende oft zu wenig darauf. Man hört immer wieder, wie vor allem junge Leute sich nur noch in einfachen und oft halben Sätzen unterhalten. Wohlüberlegte und durchdachte Sätze zu formulieren fällt ihnen schwer. Natürlich ist es einfacher, nur noch Satzfragmente von sich zu geben, weil man sich dabei weniger konzentrieren muss, als wenn man sich um vollständige Sätze bemüht. Während dieser Umstand beim Sprechen noch verständlich ist, wiegt er beim Schreiben schon schwerer. Wer schon beim Reden über wenig Sprache und einen kleinen Wortschatz verfügt, wird beim Schreiben in noch grössere Schwierigkeiten geraten. Dabei legen heute viele Firmen, die Mitarbeitende suchen, grossen Wert auf Bewerberinnen und Bewerber, die sprachsicher und sprachgewandt sind. Man hat bessere Chancen auf eine Stelle, wenn man sich sprachlich gut ausdrücken kann.

Was lässt sich tun, damit man seine Sprachfertigkeiten verbessern kann? Ein gutes Mittel ist das Lesen von Büchern. Indem man liest, nimmt man unbewusst Spracheindrücke auf und erweitert so seine Kenntnisse und Fähigkeiten. Der Wortschatz wird breiter und man bekommt ein Gespür für guten Stil. Das setzt natürlich voraus, dass man nicht gerade etwas allzu Simples liest, sondern dass man sich mit Geschriebenem befasst, das ein gewisses Niveau hat.

Lesen hält aber für den Lesenden noch ein weiteres Phänomen bereit. Während wir ein Buch lesen, tauchen wir in die beschriebene Welt ein, bewegen uns darin und nehmen oft an der Handlung grossen Anteil, wie wenn wir selber ein Teil der Geschichte wären. Wir meinen, wir seien mittendrin. Wenn wir dann im wahrsten Sinne des Wortes ins Buch vertieft sind, kann uns eine Störung beim Lesen ziemlich irritieren. Wir tauchen aus der Handlung auf und müssen uns zuerst wieder zurechtfinden. Wo bin ich? Was ist Realität und was Fiktion? Und am Ende des Buches sind wir mit den Figuren ganz vertraut und betrachten sie als lieb gewonnene Bekannte, sodass es uns schwerfällt, uns von ihnen zu trennen.

Viele erfolgreiche Bücher sind verfilmt worden. Falls wir die Gelegenheit haben, den Film zu sehen, sind wir meist enttäuscht. Das, was uns auf der Leinwand im Kino geboten wird, ist ganz anders, als wir es uns vorgestellt haben. Das beweist, dass der Film, der in unserem Kopf während des Lesens abläuft, viel intensiver ist als der Film im Kino. Also bietet uns das Lesen nicht nur eine Vertiefung unseres Sprachkönnens, sondern auch eine Anregung unserer Fantasie.

Es gibt noch eine weitere Möglichkeit, die Sprachkompetenz zu fördern. Wer nicht nur viel liest, sondern auch selber schreibt, wird seiner Sprachfähigkeit einen zusätzlichen Dienst erweisen. Wann haben Sie zum letzten Mal etwas geschrieben? Damit sind natürlich nicht SMS-Botschaften, E-Mails voller Abkürzungen oder Grusspostkarten aus den Ferien gemeint. Verfassen Sie manchmal «richtige» Briefe an Verwandte und Bekannte oder pflegen Sie eine Brieffreundschaft? Das sind schon bessere Gelegenheiten zum Schreiben. Aber man kann ja nicht jeden Tag Briefe verschicken. Eine Möglichkeit, wie man täglich eine Art Brief schreiben kann, ist das Tagebuch. Was ist das anderes als eine Art Brief an sich selber, in welchem man sich seine eigenen Erlebnisse und Gedanken erzählt? Falls Sie Lust haben und das Schreiben selber versuchen wollen, sollten Sie einmal ein paar Monate lang ein Tagebuch führen. Zweifeln Sie nicht daran, ob Sie das können. Nehmen Sie ein Heft und fangen Sie an. Ausser Ihnen liest das ja niemand. Es dauert einige Tage, bis Sie in Schwung kommen, doch mit der Zeit stellen Sie fest, dass es Freude macht und dass Ihnen das Erzählen und Formulieren leichter fällt. Und solange Sie Tagebuch schreiben, halten Sie vieles fest, was in späteren Jahren wieder in Erinnerung gerufen werden kann.

Das Komma im Satzinnern

Zwischen Haupt- und Nebensatz steht ein Komma. Diese Regel deckt einen Grossteil der zu setzenden Kommas ab. Fast alle restlichen Kommas kommen dank Regeln, die sich auf die Kommasetzung innerhalb eines einzigen Satzes beziehen, an die richtige Stelle.

Regeln in der Übersicht

Regel	Beispiele
Das Komma steht bei Aufzählungen.	> Wir bieten Abendkurse für Deutsch, Französisch, Englisch, Italienisch und Spanisch. Das Komma steht für **und**.
Das Komma steht in der Regel zwischen Adjektiven.	> Der ältere, elegante Herr führte einen grossen, schwarzen Hund an der Leine. Der Herr ist älter und elegant; der Hund gross und schwarz.
Hier steht *kein Komma* bei Adjektiven.	> Goethe war ein grosser deutscher Dichter. Goethe war nicht gross und deutsch, sondern der deutsche Dichter war gross. Das Adjektiv «gross» bezieht sich auf «deutscher Dichter». Tipp: Betont man das erste Adjektiv, kommt zwischen die Adjektive kein Komma, denn dann gibt es neben dem grossen deutschen Dichter auch kleine deutsche Dichter. Betont man das zweite oder beide gleich, setzt man ein Komma.
Das Komma steht nach einem «Auftaktwort».	> Gut, ich helfe dir. > Halt, so geht das nicht. > Hallo, Sie, Herr Weiss, bitte kommen Sie ans Telefon.
Das Komma steht, wenn dem Satz eine Ergänzung folgt.	> Ich könnte dir helfen, zum Beispiel beim Abwaschen. > Jetzt muss eine Abrechnung her, und zwar sofort. > Sie hat oft noch Schmerzen, besonders in der Nacht.
Das Komma steht bei Einschüben.	> Markus Weber, der Kassier des Vereins, hat sich entschuldigt. (Apposition) > Eines Tages, es war ein Sonntag, kam ihr diese grossartige Idee. (eingeschobener Satz) > Klara, noch jung und unerfahren, war mit der Situation überfordert. (eingeschobene Ellipse)
Das Komma steht vor Konjunktionen, die Dinge trennen oder auseinanderhalten.	> Diese Pralinés sind teuer, aber ausgezeichnet. > Sie spricht nicht nur Russisch, sondern auch Arabisch. **Kommas bei: aber / doch / sondern / nicht nur – sondern auch / teils – teils / bald – bald**
Kein Komma steht vor Konjunktionen, die verbinden oder aneinanderreihen.	> Wir haben den Empfangsbereich sowie die Besucherräume renoviert. > Er spielt sowohl Klavier als auch Trompete. **Kein Komma bei: und / sowie / oder / weder – noch / entweder – oder / sowohl – als auch / beziehungsweise (bzw.)**
Ebenso steht *kein Komma* bei einfachen Vergleichssätzen.	> Diese Prüfung war leichter als die letzte und sie dauerte nicht so lang wie beim letzten Mal. **Aber:** Bei vollständigem Vergleichs-Nebensatz ist ein Komma nötig: > Diese Prüfung war leichter, als wir uns dies vorgestellt hatten. Sie dauerte nicht so lange, wie ich es eigentlich erwartet hatte.

Übung 1

Setzen Sie Kommas, wo nötig.

1.1 Man verbindet die Schweiz immer wieder mit Uhren Käse Schokolade oder Militärtaschenmessern.
1.2 Wir gehen am Samstag entweder in einem gemütlichen italienischen Restaurant eine Pizza essen oder im Kino den neuen James-Bond-Film anschauen.
1.3 Nun wünsche ich euch viele schöne sonnige Ferientage sowie eine gute sichere Heimreise.
1.4 Dieses Jahr haben wir erheblich mehr Umsatz erzielt als letztes Jahr nämlich ziemlich genau das Doppelte.
1.5 Prima da bin ich gerne auch dabei aber nur bei schönem Wetter.
1.6 Hier bekommt man nicht nur italienische französische oder spanische Spezialitäten sondern auch chinesische indische und japanische Speisen.
1.7 Die Parkplätze sind meist voll belegt vor allem an Samstagen sowie während des Abendverkaufs.
1.8 Sowohl Französisch Deutsch und Englisch als auch Mathematik Geschichte und Physik werden geprüft und zwar jeweils entweder schriftlich oder mündlich.
1.9 Der Hund ist gross und bullig aber sehr gutmütig vor allem gegenüber Kindern.
1.10 In den Ferien mag ich weder in der Hitze schmoren noch an überfüllten Stränden liegen.

Übung 2

Versuchen Sie, anhand des Betonungstipps auf Seite 118 den Bedeutungsunterschied mit und ohne Komma zwischen den Adjektiven zu erklären.

Die blauen bedruckten T-Shirts sind bereits ausverkauft.

....

Die blauen, bedruckten T-Shirts sind bereits ausverkauft.

....

Übung 3

Das Komma zwischen Adjektiven. Hier müssen Sie genau auf die Bedeutung achten.
Beispiel: **Er hat ein neues, amerikanisches Auto gekauft.** → Sein altes Auto war nicht amerikanisch.

3.1 Die hinteren, billigen Plätze sind alle ausverkauft.
   Die vorderen Plätze sind ....

3.2 Die nächste grosse Veranstaltung findet im September statt.
   Die letzte Veranstaltung war ....

3.3 Das grosse geheizte Schwimmbecken wird nächstes Jahr saniert.
   Das kleine Becken ist ....

3.4 Das erste, laut gespielte Stück begeisterte die Zuhörer.
   Das zweite Stück wurde .... gespielt.

3.5 Die kurze, schwierige Aufgabe bereitete mir keinerlei Probleme.
   Die lange Aufgabe war ....

3.6 An einer weiteren, öffentlichen Sitzung des Rates wird das Problem nochmals behandelt.
   Die letzte Sitzung des Rates war ....

Übung 4

Setzen Sie die Kommas.

Also jetzt sollten Sie mit den gängigsten Fällen der Kommasetzung sowohl im einfachen als auch im zusammengesetzten Satz vertraut sein. Setzen Sie stets Kommas selbst bei den flüchtigsten Notizen. Sorgfältiges korrektes Setzen von Kommas zeugt nicht nur von Kenntnis der Regeln sondern auch von einem klar strukturierten Denken sowie von einer gewissen Achtung der Sprachformen.

Punkt, Strichpunkt

In Leserbriefen in der Zürcher Zeitung wurden Nicht Autofahrer so unverständlich das auch anmutet als Hinterwäldler bezeichnet und zwar nicht nur von 18 sondern sogar von 60 Jährigen doch ist es wirklich nötig im eigenen Personenwagen jederzeit mobil zu sein absolut nicht sagt dazu Albert Bühler ich fühle mich ohne Auto freier als früher frei sein ohne Auto sollte das nicht für viele eine Überlegung wert sein

Ein solcher Text ist schwer verständlich. Hier fehlen neben den Kommas auch Satzzeichen wie Punkt oder Anführungszeichen, die dazu beitragen, das Geschriebene zu gliedern. Nicht von ungefähr sagt man auch, jemand spreche *ohne Punkt und Komma*, wenn eine Person unentwegt und ohne strukturierende Pausen und Betonung redet.

Punkt

Der Punkt steht …	Beispiel
nach einem vollständigen Satz oder einer Ellipse.	Ihre Arbeit war nun abgeschlossen. Endlich.
bei Abkürzungen, die im vollen Wortlaut gesprochen werden.	z. B., u. a., bzw., m. E. (meines Erachtens)
bei Ordnungszahlen.	am 26. Oktober 1. Gerät ausschalten; 2. Stromzufuhr unterbrechen, 3. Klappe öffnen …

Kein Punkt steht …	Beispiel
nach Überschriften, Sätzen als Titeln.	Die Kurzgeschichte «Nachts schlafen die Ratten doch» stammt von Wolfgang Borchert.
bei der direkten Rede.	«Ich erkläre es dir später», sagte sie.
nach dem Datum in Briefen.	15. Mai 2014
bei Abkürzungen für Masse oder Himmelsrichtungen.	dl / h / kg / t / km / NW / SO
bei Abkürzungen, die als selbstständige Wörter gesprochen werden.	DVD (Deevaudee), KV, SBB, SMS, PC, UNO, EU

Strichpunkt

Der Strichpunkt ist schwächer als der Punkt, trennt aber stärker als das Komma.

Der Strichpunkt steht …	Beispiel
bei der Gliederung längerer Sätze. (Statt des Strichpunkts könnte auch ein Punkt gesetzt werden.)	Er war glücklich wie schon lange nicht mehr; daher hätte er jeden Menschen, sogar seinen Chef, umarmen können.
bei Aufzählungen. Hier dient der Strichpunkt dazu, Gruppen zu unterscheiden, deren Bestandteile schon durch Kommas getrennt sind.	In einem modernen Haushalt gibt es etliche Elektrogeräte: Geschirrspüler, Kochherd, Mikrowelle; Fernseher, Spielkonsole, Musikanlage; Computer, Drucker, Telefon …

Übung 1

Setzen Sie die fehlenden Kommas, Punkte, Strichpunkte und, wo nötig, Grossbuchstaben.

1.1 Der Sportreporter fragte wie lange der Läufer schon trainiert habe wie er sich jetzt fühle und ob er sich eine Teilnahme am New York Marathon vorstellen könne.

1.2 Um den grössten Zopf der Welt zu backen brauchten die Bäckerinnen und Bäcker 100 kg Mehl 600 g Salz 5 kg Hefe 60 l Milch und 12 kg Butter.

1.3 Solange unser Auto läuft werden wir es nicht ersetzen schliesslich kostet ein neues Fahrzeug viel Geld.

1.4 Sie war beeindruckt von der Vielfalt der Menschen auf diesem grossen Platz da gab es Jugendliche Kinder und Familien mit Babys gebrechliche Alte und Menschen im Rollstuhl Geschäftsleute Strassenmusiker Souvenirverkäuferinnen.

1.5 Als sie aufstanden regnete es nichts zu machen nun würden sie statt zu wandern ins Schwimmbad gehen.

1.6 Er mag Wildwestfilme sein Lieblingsfilm ist «Spiel mir das Lied vom Tod» dieser ist nun in einer limitierten Spezialausgabe als DVD erhältlich.

1.7 Am 14 April wurde das 1000 Kind im neuen Spitalzentrum geboren es erhielt als Willkommensgeschenk ein Goldstück.

1.8 Nachbarn die grillen laute Musik bellende Hunde usw können in einem Mietshaus zu Konflikten führen vor allem wenn viele Parteien zusammenleben.

1.9 Ich hatte gesehen dass im einzigen Laden den es hier gab noch Licht brannte da konnte ich vielleicht trotz der späten Stunde etwas zu essen bekommen.

1.10 Für die 40 km zum Flughafen hat der Taxifahrer erstaunlich kurze Zeit gebraucht ich vermute er hat die Geschwindigkeitsbegrenzung überschritten.

1.11 Die menschliche Haut ist ein empfindliches Organ starke Sonnenbestrahlung trockene Luft und übertriebene Reinigung schaden ihr.

1.12 Die Verfilmung des Romans die in den Medien hoch gepriesen wurde gefiel uns nicht was wir uns eigentlich im Voraus hätten denken können.

Übung 2

Setzen Sie die fehlenden Kommas, Punkte und Grossbuchstaben.

Sonja redete nie so gut wie nie ich weiss bis heute nichts über ihre Familie ihre Kindheit ihre Geburtsstadt ihre Freunde ich habe keine Ahnung wovon sie lebte ob sie Geld verdiente oder ob jemand sie aushielt ob sie berufliche Wünsche hatte wohin sie wollte und was der einzige Mensch von dem sie manchmal sprach war diese kleine rothaarige Frau die ich auf ihrem Fest gesehen hatte sonst erwähnte sie niemanden erst recht keine Männer obgleich ich sicher war dass es genug davon gab

In diesen Nächten redete ich ich redete wie zu mir selbst und Sonja hörte zu und oft schwiegen wir und auch das war gut ich mochte ihre Begeisterung für bestimmte Dinge für den ersten Schnee über den sie ausser sich geraten konnte wie ein Kind für ein Orgelkonzert von Bach das sie auf meinem Plattenspieler immer und immer wieder von vorne laufen liess für türkischen Kaffee nach dem Essen U-Bahnfahrten früh morgens um sechs das Beobachten der Szenen hinter den hellerleuchteten Fenstern in meinem Hinterhof in der Nacht sie stahl Kleinigkeiten aus meiner Küche wie Walnüsse Kreiden und selbstgedrehte Zigaretten und bewahrte sie in den Taschen ihres Wintermantels auf wie Heiligtümer sie brachte fast jeden Abend irgendwelche Bücher mit die sie auf meinen Tisch legte sie bat mich inständig sie zu lesen ich las sie nie und weigerte mich auf ihre Nachfrage mit ihr darüber zu sprechen wenn sie im Sitzen einschlief liess ich sie eine Viertelstunde lang schlafen und weckte sie dann mit der Distanz eines Schullehrers ich zog mich um und dann gingen wir aus Sonja an meinen Arm geklammert und fasziniert von den Fussspuren den einzigen im frischgefallenen Schnee auf dem Hof

Aus: Judith Hermann, *Sonja*. In: Dies., *Sommerhaus, später*. © S. Fischer Verlag GmbH, Frankfurt am Main, 1998.

Ausrufezeichen, Fragezeichen, Doppelpunkt, Anführungszeichen

Ausrufezeichen

Das Ausrufezeichen steht ...	Beispiel
nach Aufforderungssätzen, Wünschen und Befehlen.	Komm augenblicklich hierher! Wenn ich nur mehr Zeit hätte!
bei Ausrufen.	Hurra! Wie herrlich!
bei Ausrufesätzen, welche die Form von Fragesätzen haben.	Wie schnell kann sich das Schicksal wenden!

Hinweis: Ausrufezeichen sollten nur sparsam eingesetzt werden. Briefe oder E-Mails mit zu vielen Ausrufezeichen wirken aufdringlich.

Fragezeichen

Das Fragezeichen kennzeichnet ...	Beispiel
direkte Fragen.	Wie spät ist es? In der indirekten Rede steht jedoch **kein Fragezeichen**: Er fragte, wie spät es sei.
rhetorische Fragen.	Er setzt sich über alle Regeln hinweg. Hat man dazu Worte?

Doppelpunkt

Der Doppelpunkt steht ...	Beispiel
zwischen Einleitungssatz und direkter Rede.	Der Lautsprecher kündigte an: «Werte Fahrgäste, wir treffen in Bern ein.»
vor ausdrücklich angekündigten Sätzen und Satzstücken.	Ich hatte es geahnt: Die Sache war erledigt. (Folgt kein vollständiger Satz, schreibt man nach dem Doppelpunkt klein.)

Anführungszeichen

In der Schweiz verwendet man die „Gänsefüsschen" und die «französische Form». In Deutschland setzt man die französische Form oft auch »umgekehrt«.

Anführungszeichen stehen bei ...	Beispiel
direkter Rede.	«Einen schönen Tag noch!», sagte die Frau.
Zitaten (wörtlich wiedergegebenen Textstellen oder Aussagen).	Das Handy ist für ihn «Fluch und Segen».
Buch-, Werk- oder Zeitungstiteln.	Wir lesen den «Tages-Anzeiger».
Einzelwörtern oder Wortgruppen, die herausgehoben, infrage gestellt oder ironisiert werden sollen.	«Konsequent» kann auch «stur» bedeuten. Sein «treuer Freund» hat nichts mehr von sich hören lassen.
Mundartausdrücken, die bewusst in einen Text eingebaut werden.	Plötzlich gab es einen «Chlapf».

Übung 1

Setzen Sie Ausrufezeichen, Fragezeichen, Doppelpunkte, Anführungszeichen, Kommas und, wo nötig, Grossbuchstaben.

1.1 Warum auch alles planen fand Rita es kommt doch anders als man denkt.
1.2 Am Morgen spürte er die Folgen der durchzechten Nacht starke Kopfschmerzen Übelkeit und Schwindelgefühle.
1.3 Achtung Achtung ertönte der Lautsprecher der Besitzer des Lieferwagens vor dem Eingang soll sich bei der Information melden.
1.4 Warum er ständig ihren Namen vergass konnte er sich nicht erklären.
1.5 Hatten wir es nicht vermutet das Biogemüse im Laden stammte von einem konventionellen Landwirtschaftsbetrieb.
1.6 Der Beschluss des Gemeinderates ist endgültig eine Vergrösserung der Parkplatzfläche steht nicht zur Diskussion.
1.7 Wenn jetzt nur nicht die Ampel auf Rot springt dachte der gestresste Fahrer.
1.8 Die Nachbarin senkte die Stimme dieser Hofer sagte sie verbrennt Abfall in seinem Schwedenofen.
1.9 Einer ihrer Lieblingsausdrücke war anscheinend suboptimal.
1.10 Jetzt ist für mich alles klar schloss sie ihren Bericht.

Übung 2

Schreiben Sie den unten stehenden Text ab. Setzen Sie dabei alle Satzzeichen und die nötigen Grossbuchstaben.

Ana wartet jeden Morgen auf mich sie steht da an die Hauswand gelehnt die Augen geschlossen in den Ohren die Ohrstöpsel ihres iPods leise singt sie die Lieder mit die sie hört sie hat über tausend Lieder gespeichert sie kann alles hören

heute Morgen hört sie Cat Stevens sie gibt mir einen Ohrstöpsel ab nachdem wir uns zur Begrüssung geküsst haben einen Kuss auf den Mund und je einen auf die Wangen

alle seine Songs erklärt sie mir während wir losgehen und lächelt mir zu habe ich zuerst von den CDs meiner Mutter auf meinen Computer kopiert und dann auf den iPod gespielt am besten gefällt mir Wild World

wir steigen in den Bus, und manchmal stellen wir uns vor wie es wäre einfach woanders hinzufahren

in die Türkei schlage ich vor

nach Amsterdam schlägt Ana vor

da kannst du ja gleich nach Chicago fahren sage ich in Amsterdam wimmelt es nur so von Kriminellen

wer sagt das fragt Ana

ich zucke mit den Achseln das weiss doch jeder ausserdem hat Sercan mir neulich erzählt dass dort

Sercan natürlich fällt mir Ana ins Wort und zieht eine Augenbraue hoch mann Kelebek echt

was frage ich

Ana schaut mich an schaut mir ins Gesicht schaut mein Kopftuch an seufzt und winkt ab

schon gut

dann sind wir da

sein Name ist übrigens Yusuf Islam sagt Ana in das Klingeln der Schulglocke hinein wir gehen nebeneinander über den Hof hinten beim Pavillon warten Freya Emma und Elena

wessen Name frage ich verwirrt

Cat Stevens' sagt Ana mehr nicht

Aus: Jana Frey, *Ich, die Andere.* © Loewe Verlag GmbH, Bindlach, 2007.

Klammer, Gedankenstrich

In vielen Fällen hat man die Wahl zwischen Klammern, Gedankenstrichen und Kommas.

Klammern

Klammern schliessen ein ...	Beispiel
erklärende Hinweise und Bemerkungen.	Im 20. Jahrhundert gab es drei schweizerische Landesausstellungen (1914, 1939 und 1964).
Wörter oder Wortteile.	(Strom-)Gebühren, Kolleg(inn)en, gemeint ist: und/oder

Das Zusammentreffen von Klammern und anderen Satzzeichen
> Satzzeichen stehen **nach** der zweiten Klammer, wenn sie auch ohne den eingeklammerten Teil stehen müssten: Für die Städtereise kaufte sie bequeme Schuhe, einen Desinfektionsspray (völlig überflüssig!), einen Reiseführer und eine neue Jacke.
> **Vor** der zweiten Klammer stehen Ausrufe- und Fragezeichen, wenn der eingeklammerte Teil sie verlangt: Alle standen plötzlich auf (warum nur?) und erklärten, sie müssten jetzt gehen.
> **Vor** der zweiten Klammer steht **kein Punkt**, auch wenn der eingeklammerte Teil ein ganzer Satz ist: Ich befragte ihn (er war der Einzige, der sich wach gehalten hatte) über das Ende des Films.
> Ein ganzer Satz in Klammern wird folgendermassen an einen abgeschlossenen Satz angehängt: An diesem Tag fasste er einen wichtigen Beschluss. (Gemeint war der 10. Dezember.)

Gedankenstrich

In der Typografie unterscheidet man zwischen dem Binde- und Trennstrich als Divis (-) und dem Gedankenstrich als Halbgeviertstrich (–).
Der Gedankenstrich kann einzeln oder doppelt auftreten.

Der einfache Gedankenstrich (–) steht ...	Beispiel
in Überschriften und Schlagzeilen.	Steuergelder unterschlagen – Skandal!
zwischen nicht eingeleiteten direkten Reden.	«Was meinst du dazu?» – «Ich weiss nicht.»
statt eines Doppelpunkts.	Ihm geht es nur um eines – Geld.

Der einfache Gedankenstrich soll die Lesenden zum Nachdenken veranlassen und auf eine unerwartete Wendung vorbereiten.

Der doppelte Gedankenstrich ...	Beispiel
schliesst eingeschobene Wortgruppen und Sätze ein, wenn Kommas oder Klammern zu schwach erscheinen.	Das Gebäude war – was niemand geglaubt hätte – in nur wenigen Wochen errichtet worden.

Übung 1

Setzen Sie die fehlenden Punkte, Fragezeichen, Anführungszeichen, Klammern, Gedankenstriche und, wo nötig, Grossbuchstaben.

1.1 Sie freute sich sie hatte die Hoffnung darauf fast aufgegeben, dass ihr Sohn seine Ausbildung erfolgreich abgeschlossen hatte.
1.2 In der Presse stand zu lesen: höhere Preise bei den SBB gerecht
1.3 Unsere Freunde sagen über Bombay sie sind schon weit herumgekommen es herrsche ein unvorstellbares Verkehrschaos.
1.4 Der Zweite Weltkrieg 1939–1945 hat die Literatur des 20. Jahrhunderts massgeblich beeinflusst.
1.5 Sollen wir am Wochenende den Keller aufräumen meinetwegen.
1.6 Sehr empfehlenswert ist das Beau Rivage eine vollständige Liste aller Unterkünfte findet sich im Anhang.
1.7 Aloe Vera ist für viele Menschen ein Wunderheilmittel.
1.8 Ich habe einen grossen Wunsch einmal mehrere Monate Ferien am Stück.
1.9 Dort stand vor zehn Jahren erinnerst du dich noch ein kleiner Kiosk.
1.10 Wenn nicht viel Arbeit anstand und das kam öfter vor surfte er im Internet.

Übung 2

Schreiben Sie den Text ab und setzen Sie dabei alle fehlenden Satzzeichen und die nötigen Grossbuchstaben.

Man steht auf dem Podium und weiss nicht mehr was man sagen will die Stimme wird brüchig das Publikum raunt solche Situationen sind selten häufig ist aber die Angst davor und ihre Folge das Lampenfieber praktisch jeder hat Lampenfieber erklärt der Mediziner Klaus Neftel

Nur bei manchen Rednern steigt der Puls bloss um zehn Schläge andere treibt die Angst zum Herzrasen und zum Zittern je höher der Puls und je stärker das Zittern desto unkontrollierter werden Bewegungen und Stimme

Neftel hat das Lampenfieber anhand von Musikern studiert als Tipps nennt er vor dem Publikum herumzulaufen statt sich ans Pult zu klammern weiter helfe es Kontakt mit dem Publikum aufzunehmen erzählen Sie etwas Persönliches von sich statt alles perfekt machen zu wollen so der Experte um die Angst aber wirklich loszuwerden gebe es nur eins sich immer wieder der Auftrittssituation auszusetzen man kann Präsentationen auch zur Probe halten etwa vor der Sekretärin oder kritischen Mitarbeitenden empfiehlt Neftel

Entspannungsübungen vor einem Vortrag könnten dagegen fatal sein so sensibilisiert man die Rezeptoren oft erst richtig auf Adrenalin die Chance steigt beim Auftritt einen Puls von 160 zu erreichen meint der Mediziner besser sei leichte Bewegung darüber hinaus helfe Freude Neftel wem es gelingt lustvoll an seine Aufgabe heranzugehen versagt nicht

Elisabeth Rizzi in «20 Minuten», 2. März 2011

Übung 3

Schreiben Sie den Text ab und setzen Sie dabei alle fehlenden Satzzeichen und die nötigen Grossbuchstaben.

Der Langstreckenlauf boomt Volksrennen verzeichnen Rekordbeteiligungen wer noch nie einen Marathon absolviert hat muss sich beinahe schon rechtfertigen keine noch so grosse Distanz scheint die Teilnehmer abzuschrecken der Europalauf 2009 führte über 4488 Kilometer von Bari bis ans Nordkap durchschnittlich 70 Kilometer täglich kein einziger Tag Pause ist dieser Rennboom eine Modeerscheinung in ein paar Jahren wieder vergessen wohl kaum viele Läufer empfinden ihr Tun vielmehr als Rückkehr zum menschlichen Urzustand als Läufer hangeln wir uns direkt an der endlosen Kette der Geschichte entlang schrieb etwa Jim Fixx in seinem Complete Book of Running wir erfahren was wir empfunden hätten wenn wir vor 10 000 Jahren gelebt und Herz Lunge und Muskeln durch ständige Bewegung gesund gehalten hätten wir vergewissern uns was dem modernen Menschen selten gelingt unserer Verwandtschaft mit dem frühzeitlichen Menschen

Matthias Plüss in «bulletin» 3/10

Hilfszeichen: Apostroph, Bindestrich, Schrägstrich

Unser Schriftsystem enthält Zeichen, die zwar aussehen wie Satzzeichen, jedoch mit der Funktion oder der Struktur des Satzes nichts zu tun haben. Sie haben in der gesprochenen Sprache kein Gegenstück, sondern dienen zur Gliederung und damit zur besseren Lesbarkeit von Texten. Diese Gliederungszeichen sind Apostroph, Bindestrich und Schrägstrich.

Apostroph

Der Apostroph musste ursprünglich für weggelassene Buchstaben gesetzt werden. Sein Gebrauch ist mit der neuen Rechtschreibung jedoch weitgehend freigestellt worden. Die meisten Regelverstösse geschehen heutzutage, indem der Apostroph überbeansprucht wird.

Der Apostroph muss gesetzt werden ...	Beispiel
beim Genitiv in Eigennamen, die auf Zischlaute (s, ss, x, z, tz) enden.	Felix' Ansichten, Iris' Angebot, Herrn Kunz' Auto
in grossgeschriebenen Adjektiven, die von Personennamen abgeleitet sind.	die Grimm'schen Märchen (auch: die grimmschen Märchen)

Kein Apostroph steht ...	Beispiel
bei Verschmelzung einer Präposition mit einem Artikel.	zum (zu dem) Schluss, ins (in das) Blaue, aufs (auf das) Dach
bei Pluralformen (auch bei Abkürzungen).	Pizzas, Autos, CDs, PCs, KKWs
bei Genitiven gewöhnlicher Nomen.	des Abends, eines Computers, Peters Auto

Verbindungen mit «es» können mit oder ohne Apostroph geschrieben werden: nimm es → nimms/nimm's; wenn es → wenns/wenn's; gib es auf → gibs/gib's auf.

Bindestrich

Der Bindestrich (-) wird gesetzt bei ...	Beispiel
Zusammensetzungen oder Ableitungen, wenn Wortteile eingespart worden sind.	Vor- und Nachname, von Sonnenauf- bis -untergang
unübersichtlichen Wörtern oder Gefahr von Missverständnissen zur Verdeutlichung.	Naherholungsgebiets-Zufahrt, Lyss-Strasse, Bild-Erläuterungen, Druck-Erzeugnissen
Zusammensetzungen mit Ziffern.	20-jährig, 50-prozentig
Zusammensetzungen mit Einzelbuchstaben und Abkürzungen.	E-Mail, i-Punkt, U-Bahn, A-Dur, s-förmig
Gefügen, die bereits ein Element mit Bindestrich enthalten.	E-Mail-Adresse, C-Dur-Tonleiter, Abend-Make-up
Wortverbindungen mit Eigennamen.	Frisch-Inszenierung, General-Dufour-Strasse
substantivisch gebrauchten Verbindungen.	das «Nicht-Wissen-was-tun» (Grossschreibung!)

Kein Bindestrich steht ...	Beispiel
in normalen Zusammensetzungen und Ableitungen.	Erlebnisbericht, Taschenbuchausgabe
wenn nach Abkürzungen und Zahlen nur noch eine Endung folgt.	CVPler, 100%ig, 3 000 000mal

Schrägstrich

Der Schrägstrich ist Ersatz für ...	Beispiel
und, oder.	Ein-/Ausfuhr, eine Bestellung von 50/100 Stück
pro, je, durch.	mit 80 km/h, 100 Ew./km² (100 Einwohner je km²)

Tipp: Der Schrägstrich eignet sich vor allem für Sachtexte. In literarischen Texten sollte man die gemeinten Partikeln in Buchstaben ausschreiben.

Übung 1

Setzen Sie die fehlenden Apostrophe, Bindestriche und Schrägstriche.

1.1 Wir besuchten die Ausstellungshalle für Balkon, Garten und Campingmöbel.
1.2 Die Einsteinsche Relativitätstheorie hat noch heute eine wichtige Bedeutung.
1.3 Sämtliche Haupt Nebeneingänge sind mit Alarmanlagen versehen.
1.4 Dank Alex Beziehungen bekamen wir Karten für eine Premiere an der Oper.
1.5 Die «Man gönnt sich ja sonst nichts Mentalität» gewisser Leute artet zeitweise in einen regelrechten Kaufrausch aus.
1.6 Der Bau des neuen Hotel Hallenbad Konferenzzentrum Komplexes muss erst noch bewilligt werden.
1.7 Majas neuer Sportwagen fährt locker 180 km h.
1.8 Bekannte meines Bruders leben in einer 120 m² Wohnung in der Nähe des Robert Walser Platzes im Stadtzentrum.
1.9 Das ist der Bericht über das Vereinswochenende vom 9. 10. September.
1.10 In unserem Büro gibt es mehrere PCs, die nicht 100%ig funktionieren.
1.11 Als 3 fache Mutter eines 2, 5 und eines 7 jährigen Kindes leistet sie einen Fulltime Job.
1.12 Die Sammelstelle ist Dienstag Mittwoch Donnerstag geöffnet.
1.13 Am zweiten Kursabend behandeln wir das Thema Mund zu Mund Beatmung Herzdruckmassage.
1.14 Seit den 90er Jahren wird vermehrt diskutiert, wie man die Anzahl der Lkws auf den Strassen verringern könnte.

Übung 2

Schreiben Sie den unten stehenden Text ab. Setzen Sie dabei alle Satzzeichen und die nötigen Grossbuchstaben.

Die Zeit in der man sich eine hervorragende Enzyklopädie von anderthalb Meter Umfang ins Regal stellt scheint vorbei zu sein sagt ein Sprecher des Brockhaus-Verlags die 2006 erschienene 21 Auflage des Werkes wird für lange Zeit die letzte sein möglicherweise für immer der Brockhaus ist über ein Jahrhundert lang Zeichen für einen gebildeten Haushalt ein Lexikon das im Regal viel Platz einnimmt das Bildung ausstrahlt ein Wissensspeicher der die Welt in kleinen alphabetisch sortierten Einträgen erklärt in strittigen Fällen nimmt man den Brockhaus zur Hand er dient als Schiedsrichter

Der Brockhaus hat ausgedient das ahnt man schon als er das erste Mal in einer digitalisierten Form erscheint die gebundenen Meter sind wenig Ehrfurcht gebietend auf zwei CDs komprimiert und so verschwinden sie dann auch im Regal machen Platz für eine neue Informationsquelle in ihr soll alles Wissen der Welt gespeichert sein und für alle zum Abruf bereitstehen das Internet es ist eine technische Revolution die bedeutendste seit Gutenbergs Werk das Internet ist dabei dessen Werk abzulösen doch zunächst einmal ahmt es dessen Entwicklung in rasanter Zeit nach

Zuerst sind es die privilegierten Klassen die Zugang zum Netz haben die Forschungsinstitute Militäreinrichtungen und Universitäten das Netz spricht noch keine Sprache es ist Transportmedium das Dateien von einem Ort zum anderen kopiert im nächsten Schritt kann es Seiten darstellen und von jedem der Zugang hat gelesen werden die Seiten sind einfach sie bestehen nur aus Schrift bald kommen Bilder hinzu die Seiten sind aufwändiger gestaltet wie in Druckerzeugnissen wird mehr Wert auf das Aussehen gelegt immer mehr Menschen bekommen Zugriff auf das Netz es wird immer günstiger sich einzuwählen die technische Ausstattung wird besser und in den ersten Jahren des neuen Jahrtausends wird das Internet schliesslich zum Massenmedium an dem jeder teilhaben kann

Aus: Carsten Görig, *Gemeinsam einsam*. © Orell Füssli Verlag AG, Zürich, 2011.

Anhang

Arbeiten mit dem Wörterbuch	**130**
Individuelle Wörterliste	**132**
Zusammenfassungen: Beispiele	**136**
Eigene Zusammenfassungen	**137**
Grammatische Fachbegriffe	**146**
Stichwortverzeichnis	**149**

Arbeiten mit dem Wörterbuch

Zum Umgang mit Sprache gehört auch das gezielte Nachschlagen von Informationen im Wörterbuch, wenn man Texte korrekt verfassen und Geschriebenes in allen Feinheiten verstehen will. Wer mit dem Wörterbuch vertraut ist, kann die vielfältigen Möglichkeiten dieses Hilfsmittels ausschöpfen. Voraussetzung ist ausserdem, dass man die grammatischen Fachausdrücke kennt.

Der «Duden»

Das bekannteste deutsche Wörterbuch ist der «Duden», benannt nach seinem Verfasser Konrad Duden (1829–1911). Der Dudenverlag hat in zwölf Bänden Grundwissen über die deutsche Sprache herausgegeben. Doch meistens beziehen wir uns auf Band 1, «Die deutsche Rechtschreibung», wenn wir vom «Duden» sprechen. Ausser Angaben zur korrekten Schreibung und Trennung von Wörtern findet man auch Erklärungen zu deren Bedeutung und Herkunft sowie Hinweise zu Aussprache und Stil. Zudem sind die Regeln zur Rechtschreibung und Zeichensetzung beschrieben. Sehr nützlich ist in vielen Fällen der «Duden», Band 9 («Richtiges und gutes Deutsch»), wo viele alltägliche Problemfälle der Sprache erklärt werden. Es existieren auch andere Rechtschreibewörterbücher, die vergleichbare Informationen enthalten.

Nachschlagen im «Duden»

Die folgenden Hinweise beschränken sich auf einige wichtige Punkte. Für ein detaillierteres Verständnis der Wörterbucheinträge sei auf das «Duden»-Kapitel «Zur Wörterbuchbenützung» verwiesen.

Beispiel	Informationen
Kompliment, das; -[e]s, e	Nomen bestimmter Artikel bzw. Geschlecht: **das** Genitiv Singular: **-[e]s** Nominativ Plural: **e**
sehen; du siehst, er/sie sieht; ich sah, du sahst, du sähest; gesehen, sieh[e]!	Verb 2. Pers. Sg. Indikativ Präsens: **du siehst** 3. Pers. Sg. Indikativ Präsens: **er/sie sieht** 1. Pers. Sg. Indikativ Präteritum: **ich sah** 2. Pers. Sg. Indikativ Präteritum: **du sahst** 2. Pers. Sg. Konjunktiv 2: **du sähest** Partizip 2: **gesehen** Imperativ: **sieh[e]!** Die Menge der Angaben hängt davon ab, wie anspruchsvoll die Formen des jeweiligen Verbs sind.
Mo | tiv Mot | to	Silbentrennung: | (senkrechter Strich) **Strich** unter Buchstaben = lange Betonung **Punkt** unter Buchstaben = kurze Betonung
klotzig (ugs. auch für sehr viel) küren (geh. für wählen)	Stil: **ugs.** = umgangssprachlich **geh.** = gehoben
Boom [bu:m], der; -s, -s <engl.>	Aussprache: **[bu:m]**, Herkunft: **<engl.>**
morgens ↑ K70	Regel **K70** Vor dem Nachschlageteil des Dudens finden sich Regeln zur Rechtschreibung und Zeichensetzung. Diese sind alphabetisch angeordnet und mit Kennziffern (K) bezeichnet.

Übungen

1. Schreibt man **o-förmig** oder **O-förmig**? ....

2. Ist das Wort **Telephon** in dieser Schreibweise vermerkt? ....

3. Unterstreichen Sie den korrekten Artikel.

   der Taxi / das Taxi, der Tachometer / das Tachometer, die Drei / das Drei

4. Welches Geschlecht hat das Wort Riffe (Pl.), welches das Wort Riffs (Pl.)?

   Was bedeuten die Wörter?

   .... (Sg.) – die Riffe (Pl.) ....

   .... (Sg.) – die Riffs (Pl.) ....

5. Ergänzen Sie die Endung der Nomen.

   Die Funktion des neuen Billettautomat............ war für viele Fahrgäste vorerst unverständlich.

   Mit seiner Berichterstattung ging der Reporter an die Grenzen des Journalismus............

6. Ergänzen Sie mit den Pluralformen der Wörter in Klammern.

   Verschiedene (Charakter) .... bevorzugen unterschiedliche (Hobby) ....

   Beim Inlineskaten sollte man (Ellbogen) .... und (Knie) .... schützen.

7. Ergänzen Sie die Verbformen im Präsens.

   Du (erhalten) .... bestimmt grosses Lob für deinen Einsatz.

   Der Arzt (raten) .... zu einer regelmässigen Impfung gegen Starrkrampf.

8. Unterstreichen Sie die korrekte Verbform.

   Das Publikum hat vor Verwunderung geschreit / geschriehen / geschrien.

   Wenn du morgens nicht so lange schliefest / schläfest / schlaftest, könnten wir gemeinsam joggen.

9. Trennen Sie die Wörter.

   Viadukt   Abend   Mobbing   Korrespondenz   Geistesgrösse

10. Markieren Sie die Betonung mit einem Strich oder Punkt unter dem betonten Vokal.

    Tunnel   Barriere   modern   Basketball   Hotel

11. Was bedeuten diese Wörter und welchem Stil lassen Sie sich zuordnen?

    allemal .... (..........)   Musensohn .... (..........)

    dinieren .... (..........)   konversieren .... (..........)

12. Schlagen Sie die Herkunft der Wörter nach.

    Kiosk ....   Inserat ....   Büro ....

    Phobie ....   Risiko ....   Plakat ....

13. Welche Regeln (Kennziffern) behandeln den Apostroph?

    ....

14. Was besagt K28 beim Eintrag «AKW-Gegner; AKW-Gegnerin»?

    ....

    Schlagen Sie nun eine beliebige Seite im Wörterbuch auf. Erschliessen Sie die Ihnen noch unbekannten Abkürzungen, Zeichen und anderen Informationen zu den Einträgen.

Individuelle Wörterliste
Rechtschreibung, Bedeutung, Anwendung

Individuum, das (= Einzelperson); die Individuen – individuell leben, der Individualist

Zusammenfassungen: Beispiele

Thema: Die fünf Wortarten, Buch Seite 29 ff.

Mögliche Formen: kurze Sätze und Stichwörter, Tabellen, Visualisierungen wie Mindmap, Cluster, Grafik, Zeichnungen und andere Strukturierungsmethoden

Beispiele

Zusammenfassung mit Text

> Die fünf Hauptwortarten heissen: Verb, Nomen, Adjektiv, Pronomen, Partikel
> Die <u>Partikeln</u> sind unterteilt in: Präposition, Konjunktion, Adverb, Interjektion
> Partikeln sind nicht veränderbar, z. B. beim, und, sehr, ach
> <u>Nomen</u> haben ein festes Geschlecht (der, die, das); sie werden grossgeschrieben
> <u>Verben</u> kann man konjugieren (ich denke, du denkst, wir denken ...)
> Es gibt drei Stammformen: Infinitiv, Präteritum, Partizip Perfekt
> Aussageweisen des Verbs: Indikativ, Konjunktiv, Imperativ
> Aktive Verbformen (ich lobe); passive Verbformen (ich werde gelobt)
> Sechs Zeitformen: Präsens, Perfekt, Präteritum, Plusquamperfekt, Futur I, Futur II
> Modalverben: können, müssen, dürfen, wollen, sollen, mögen
> <u>Pronomen</u> können als Begleiter (meine Tante) oder als Stellvertreter (Ich bin oft bei ihr) auftreten.
> <u>Adjektive</u> können zwischen Artikel und Nomen stehen: das schöne Bild
> Fast alle Adjektive kann man steigern: schön/schöner/am schönsten

Tabelle

Alle Wörter	
veränderbare Wörter	nicht veränderbar
Nomen Verben Adjektive Pronomen	Partikeln > Konjunktionen > Präpositionen > Adverbien > Interjektionen

Mindmap

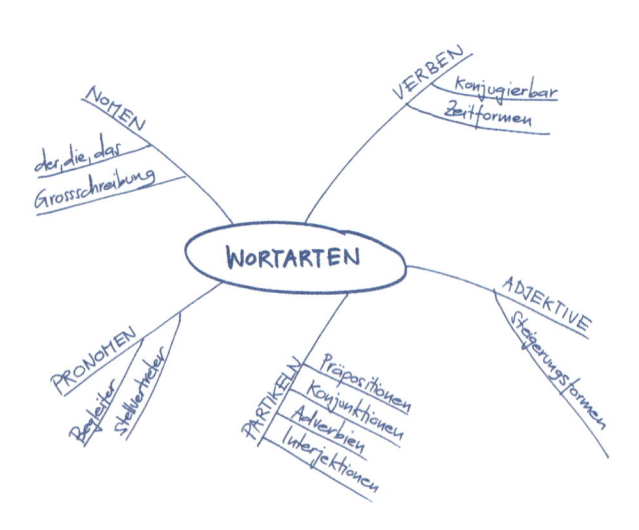

Cluster

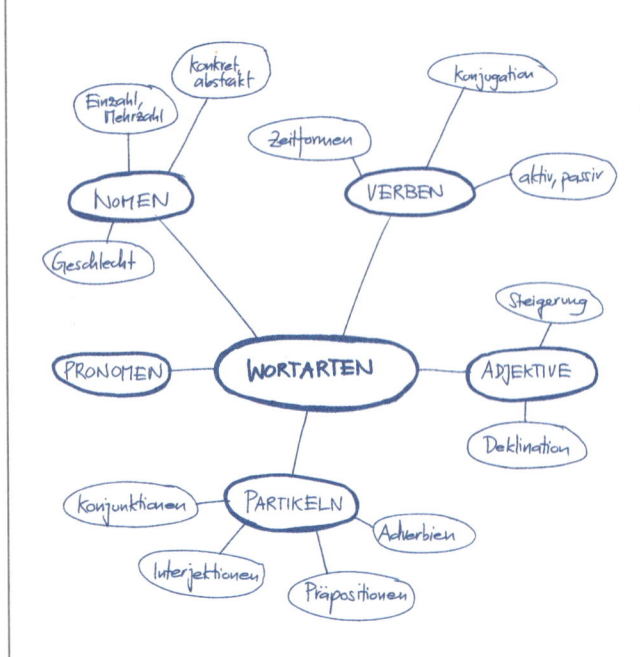

136

Eigene Zusammenfassungen

Thema: Buch Seite/n ....

....

Mögliche Formen: kurze Sätze und Stichwörter, Tabellen, Visualisierungen wie Mindmap, Cluster, Grafik, Zeichnungen und andere Strukturierungsmethoden

Thema: Buch Seite/n ....

Thema: Buch Seite/n ....

....

Thema: Buch Seite/n ....

Anhang > Eigene Zusammenfassungen

Thema: Buch Seite/n ....

....

Anhang > Eigene Zusammenfassungen

Thema: Buch Seite/n ....
....

Thema: Buch Seite/n ....

....

Thema: Buch Seite/n ....

....

Thema: Buch Seite/n ....

....

Grammatische Fachbegriffe

A

Adjektiv	Eigenschaftswort	ein **neues** Haus, das Haus ist **neu**
> adverbial verwendet	> als Umstandswort	Sie lachte **laut**.
> attributiv verwendet	> als Eigenschaftswort	ein **lautes** Konzert.
Adverbialien	Umstandsbestimmungen (Satzlehre)	
> lokal	> des Ortes	Sie sind **in Zürich** angekommen.
> temporal	> der Zeit	Wir haben es **in zwei Stunden** geschafft.
> modal	> der Art und Weise	Das Gespräch verlief **sehr harmonisch**.
> kausal	> des Grundes	**Wegen Schneefalls** war die Strasse gesperrt.
Adverbien	Umstandswörter (Wortlehre)	
> lokal	> des Ortes	Wir bleiben **hier**.
> temporal	> der Zeit	Sie wird **bald** abreisen.
> modal	> der Art und Weise	Er handelte **sehr** klug.
> kausal	> des Grundes	**Darum** habe ich sie nicht gefragt.
Akkusativ	Wenfall	Ich habe **den Bus** verpasst.
Aktiv	«Tatform»	Die Firma **liefert** die Ware.
Antonym, das	Wort mit Gegenbedeutung	Wahrheit/Lüge; reich/arm; oben/unten
Apostroph, der	Auslassungszeichen	Wie geht**'s** dir? (geht es)/Iris**'** neue Wohnung.
Apposition	erklärender Zusatz	Frau Abt, **die Chefin,** ist im Ausland.
Artikel	Begleiter des Nomens	
> bestimmt	> der, die, das	**der** Baum, **die** Ente, **das** Laub
> unbestimmt	> ein, eine	**ein** Baum, **eine** Ente
Attribut	Beifügung zu einem Satzglied	Der **jüngste** Spieler kommt zum Einsatz.

D

Dativ	Wemfall	Dieses Buch gehört **mir**.
Deklination, deklinieren	Veränderung nach dem Fall	d**en** hungernd**en** Kinder**n** helfen
Demonstrativpronomen	hinweisendes Fürwort	**dieses** Auto, **jene** Personen, **dieses** hier
Denotation	eigentliche Wortbedeutung	Esel (= das Tier)
Diminutiv	Verkleinerungsform	das Bäum**chen**, das Tisch**lein**
Diphthong	Doppellaut (Zwielaut)	ei, ai, au, äu, eu
direkte Rede	wörtlich wiedergegebene Rede	Er sagte: «**Ich bin dafür.**»

E

Ellipse	verkürzter, unvollständiger Satz	Endlich! Eigentlich nicht. Bald.

F

Fälle	Die vier Fälle	
> Nominativ	> Werfall	**Der Knabe** weint.
> Akkusativ	> Wenfall	Wir sehen **den Knaben** weinen.
> Dativ	> Wemfall	Sie schenken **dem Knaben** Trost.
> Genitiv	> Wesfall	Wir hören das Weinen **des Knaben**.
feminin	weiblich, grammatisches Geschlecht	**die** Frau, **die** Lampe, **die** Aufgabe
Flexion, die	Beugung, Änderung der Wortgestalt	Zwei Mitarbeiter**innen** fehl**en** heute.
Futur I	Zukunftsform I	Das Spiel **wird** bald **beginnen**.
Futur II	Zukunftsform II	Das Spiel **wird begonnen haben**.

G

Genitiv, der	Wesfall	Wir sind uns **des Risikos** bewusst.
Genus	Geschlecht beim Nomen	**der** (maskulin), **die** (feminin), **das** (Neutrum)
Gleichsetzungsnominativ	Satzteil im Nominativ	Ernst Müller bleibt **unser Favorit.**

H

Hauptsatz	unabhängiger Satz	Gestern hat es stark geregnet.
Hilfsverben	sein, haben, werden	Sie **haben** alles abgestritten.
Homonym, das	Wort mit verschiedenen Bedeutungen	Noten (Geld, Musik, Schule)

I

Imperativ	Befehlsform	Rennen Sie sofort weg!
Imperfekt	Vergangenheitsform (Präteritum)	Sie **fuhren** gestern in die Ferien.
Indefinitpronomen	unbestimmtes Fürwort	jemand, etwas, alle, man, nichts …
Indikativ	Wirklichkeitsform	Ein Sturm **zieht auf**.
indirekte Rede	Rede in indirekter Form	**Er habe das nicht gewusst**, behauptete er.
Infinitiv, der	Grundform des Verbs	lesen, haben, können, antworten …
Infinitivnebensatz	Nebensatz mit Infinitivform	Es ist sinnlos, **alles abstreiten zu wollen.**
Interjektion	Empfindungs-/Ausrufewort	Ach! Psst. Wau! …
Interpunktion	Zeichensetzung	Punkt, Komma, Fragezeichen u. a.
Interrogativpronomen	Fragefürwörter	Wer? Was? Wann? Wie? Wozu? …
intransitive Verben	Verben ohne Akkusativergänzung	bleiben, helfen, wohnen, spielen …

K

Kasus, der	Fallform	Nominativ, Akkusativ, Dativ, Genitiv
Komparativ	Vergleichsstufe beim Adjektiv	London ist **grösser** als Berlin.
Konjugation, konjugieren	Veränderung nach Person und Zeit	ich schreib**e**, du schreib**st**, wir schr**ie**ben
Konjunktion	Bindewort	und, oder, dass, weil, denn …
Konjunktionalsatz	Nebensatz mit Konjunktion	Melde dich, **wenn du ankommst.**
Konjunktiv I	Möglichkeitsform I	Man sagt, er **sei** krank.
Konjunktiv II	Möglichkeitsform II	Das **wäre** sicher besser gewesen.
Konnotation	zusätzliche Wortbedeutung	Esel (= Schimpfwort, dummer Mensch)
Konsonant	Mitlaut	s, t, m, n, q, p …

M

maskulin	männlich, grammatisches Geschlecht	**der** Mann, **der** Hund, **der** Aufstieg
Modalverben	Verben der Art und Weise	dürfen, können, wollen, sollen …
Modus	Aussageweisen des Verbs	Indikativ, Konjunktiv, Imperativ

N

Nebensatz	abhängiger Satz	Sie jubelt, **weil sie gewonnen hat**.
Neutrum	sächlich, grammatisches Geschlecht	**das** Gebäude, **das** Mädchen, **das** Prinzip
Nomen	Namenwort (Substantiv)	
> abstrakte Nomen	> nicht-gegenständliche Nomen	Liebe, Meinung, Gefahr, Freude …
> konkrete Nomen	> gegenständliche Nomen	Tisch, Baum, Katze, Brille, PC …
Nominativ	Werfall	**Die Firma** wurde verkauft.
Numerale	Zahlfürwort, Zahlpronomen	eins, zwei, drei; erstens, zweitens …
Numerus	Singular/Plural (Einzahl/Mehrzahl)	das Kind/die Kinder; der Hut/die Hüte

O

Objekte	fallbestimmte **Satzglieder**	
> Akkusativobjekt	> im Wenfall	Man hat **ihn** gefunden.
> Dativobjekt	> im Wemfall	Sie haben **ihr** zugehört.
> Genitivobjekt	> im Wesfall	Wie sind uns **des Risikos** bewusst.
> präpositionales Objekt	> Objekt mit Präposition	Wir warten **auf den Zug**.
Orthografie	Rechtschreibung	

P

Partikel, die	nicht veränderbares Wort	schon, nicht, ja, fast, kaum, und, weil …
Partizip I	Mittelwort I	lachend, gehend, vergessend, beachtend …
Partizip II	Mittelwort II	gelacht, gegangen, vergessen, beachtet …
Partizipialsatz	Nebensatzart mit Partizip	**Ein Buch lesend (,)** vertrieb ich mir die Wartezeit.
Passiv	«Leideform»	Das Urteil **ist verkündet worden**.
Perfekt	Vorgegenwart	Sie **sind** soeben **abgereist**.
Personalpronomen	persönliches Fürwort	ich, du, er, sie, es, ihn, ihm, ihr …
Plural	Mehrzahl	ein Blatt – **zwei Blätter**
Plusquamperfekt	Vorvergangenheit	Ich **hatte** damals keine Zeit **gehabt**.
Positiv	Grundstufe des Adjektivs	**gut** – besser – am besten
Possessivpronomen	besitzanzeigendes Fürwort	**mein** Buch, **ihre** Karte, **sein** Glas …

Prädikat	Satzaussage/verbale Teile	Wir **haben** uns viel **vorgenommen**.
Präfix	Vorsilbe	**ab**machen, **be**stehen, **un**bestimmt …
Präposition	Verhältnis- oder Vorwort	**auf** den Dienstag, **nach** Bern, **im** Taxi
Präsens	Gegenwartsform	Wir **arbeiten** den ganzen Tag.
Präteritum	Vergangenheitsform (Imperfekt)	Sie **fuhren** gestern in die Ferien.
Pronomen	Fürwörter	ich, du, wir, sie, alle, der, viel, ihr ….

R

reflexive Verben	rückbezügliche Verben	sich wohlfühlen, sich erinnern, sich schämen …
Reflexivpronomen	rückbezügliche Fürwörter	Wir freuen **uns**. Damit schadet er **sich**.
Relativpronomen	bezügliche Fürwörter	Hier ist das Hemd, **das** du gesucht hast.
Relativsatz	Nebensatz mit Relativpronomen	Hier ist der Schlüssel, **den du gesucht hast.**

S

Satzgefüge	Haupt- und Nebensatz (-sätze)	Sie weiss, dass wir auf sie warten werden.
Satzverbindung	mehrere Hauptsätze	Wir essen und danach gehen wir in die Stadt.
Satzglied	verschiebbarer Satzteil	
Silben	Wortbestandteile	
> Präfix	> Vorsilbe	**ab**-machen, **be**-stehen, **un**-bestimmt …
> Suffix	> Nachsilbe	freund-**lich**, sieg-**los**, Land-**ung** …
> Stammsilbe	> Hauptsilbe, Wortstamm	be-**sieg**-en, ver-**lauf**-en, Aus-**stell**-ung …
Singular	Einzahl	Bäume/**Baum**; Kleider/**Kleidungsstück**
Stammformen	Infinitiv – Präteritum – Partizip Perfekt	nehmen – nahm – genommen
Stammsilbe	Hauptsilbe	be-**sieg**-en, ver-**lauf**-en, Aus-**stell**-ung …
Subjekt	Satzgegenstand, im Nominativ	**Die Gäste** treffen ein.
Substantiv	Nomen, Namenwort	Haus, Wald, Hund, Gedanken … .
Suffix	Nachsilbe	freund-**lich**, sieg-**los**, Land-**ung** …
Superlativ	Höchststufe des Adjektivs	Er ist die **schnellste** Zeit gelaufen.
Synonym	bedeutungsgleiches und -ähnliches Wort	
> strikte Synonyme	> Bedeutungsgleichheit	Adresse/Anschrift; Velo/Fahrrad
> partielle Synonyme	> Bedeutungsähnlichkeit	Gespräch/Diskussion; dünn/mager

T

Tempus	grammatische Zeiten beim Verb	denken, hat gedacht, dachte, wird denken …
transitive Verben	Verben mit Akkusativergänzung	Gestern **traf** ich **einen alten Schulfreund**.

U

Umlaut	Vokale mit Umlautzeichen	ä/ö/ü
unpersönliches Verb	nur mit «es» konjugierbare Verben	regnen/es regnet; winden/es windet

V

Verb	Zeitwort, Tätigkeitswort	
> Vollverben	> können allein als Prädikat erscheinen	Sie **helfen** euch. Wir **kennen** die Namen.
> Hilfsverben	> siehe unter «Hilfsverben»	
> Modalverben	> siehe unter «Modalverben»	
> absolute Verben	> Verben ohne Objekt	blühen, schlafen, arbeiten …
> transitive Verben	> siehe unter «transitive Verben»	
> intransitive Verben	> siehe unter «intransitive Verben»	
> reflexive Verben	> siehe unter «reflexive Verben»	
> unpersönliche Verben	> nur mit «es» konjugierbare Verben	regnen/es regnet; winden/es windet
Vokale	Selbstlaute	a/e/i/o/u

Z

Zahlpronomen	Zahlfürwort, Numerale	eins, zwei, drei; erstens, zweitens …

Stichwortverzeichnis

A

Ableitungen **10**
absolute Verben **34**
Adjektiv, Bildung **62**
Adjektiv, Deklination **62**
Adjektiv, Funktion **62**
Adjektiv, Steigerung **64**
Adverb **70**
Adverb der Art und Weise **70**
Adverb der Zeit **70**
Adverb des Grundes **70**
Adverb des Ortes **70**
Adverbiale **98**
Akkusativ **58, 62**
Akkusativobjekt **96**
aktive Formen **52**
Alphabet **8**
Amtssprache **18**
Anführungszeichen **122**
Anführungszeichen, direkte Rede **122**
Antonym **20**
Apostroph **126**
Apposition **98**
Artikel, bestimmt **66**
Artikel, unbestimmt **66**
Attribute **98**
Ausrufezeichen **122**

B

Basiszeit **42**
beiordnende Konjunktionen **72**
Bestimmungswort **16**
Bindestrich **126**
Buchstaben **8**

D

Dativ **58, 62**
Dativobjekt **96**
Demonstrativpronomen **66**
denotative Bedeutung **18**
Dezimalklassifikationssystem **22**
direkte Rede **48**
Doppelkonjunktionen **72**
Doppellaute **80**
Doppelpunkt **122**
Duden, nachschlagen **130**

E

Ellipse **104**

F

Fachwörter **24**
falsche Freunde **14**
Fragepronomen **66, 68**
Fragezeichen **122**

Fremdwörter **24**
Fremdwörter, Herkunft **24, 26**
Fremdwörter, Mehrzahlformen **26**
Fremdwörter, Pluralbildung **56**
Fugenelemente **16**
Futur I **40, 42**
Futur II **40, 42**

G

Gedankenstrich **124**
gehobene Sprache **18**
gemischte Verben **38**
gemischter Konjunktiv **48**
Genitiv **58, 62**
Genitivobjekt **96**
Getrenntschreibung, Regeln **88**
Gleichsetzungsnominativ **92**
grammatische Fachbegriffe **146 ff.**
Grossschreibung, Regeln **84**
Grundwort **16**
Grundzeiten **40**

H

Hauptsatz **102**
Hilfsverb **32, 34**
Höflichkeitsformen **84**
Homonyme **56**

I

Imperativ **44**
Indefinitpronomen **66, 68**
Indikativ **44**
indirekte Rede **48**
Infinitiv **38**
Infinitivsatz **110**
Interjektion **70**
Interrogativpronomen **66, 68**
intransitive Verben **34**

K

kausale Adverbialien **98**
Klammer **124**
Kleinschreibung, Regeln **86**
kollektive Wir-Form **44**
Komma, im Satzinnern **118**
Komma, zwischen Sätzen **116**
Kommasetzung, Einführung **114**
Komparativ **64**
Kongruenz Subjekt – Prädikat **94**
Konjunktion **72**
Konjunktionalsatz **108**
Konjunktiv I, Anwendung **48**
Konjunktiv I, Bildung **46**
Konjunktiv II, Anwendung **50**
Konjunktiv II, Bildung **46**
Konjunktiv II, «würde»-Formen **50**

konnotative Bedeutung **18**
Konsonanten **8**
Konsonanten, Rechtschreibung **82**

L

Laute **8**
lautmalerische Wörter **14**
lokale Adverbialien **98**

M

Mengenangaben **94**
Mengenwörter **94**
modale Adverbialien **98**
Modalverb **32, 34, 36**

N

Nachsilben **10**
n-Deklination **60**
Nebensatz **102**
Nomen, Deklination **60**
Nomen, Einzahl/Mehrzahl **56**
Nomen, Fälle **58**
Nomen, Geschlecht **54**
Nominalisierungen **84**
Nominativ **58, 62**
Nulldeklination **60**

O

Oberbegriff **22**
Objekte **96**

P

Partizip Perfekt **38**
Partizipialsatz **110**
Partizipien, schweizerdeutsch **38**
passive Formen **52**
Perfekt **40, 42**
Personalpronomen **66, 68**
Plural **56**
Plusquamperfekt **40, 42**
Positiv **64**
Possessivpronomen **66**
Prädikat **92**
Präposition **74**
Präpositionalobjekt **96**
Präpositionen mit Akkusativ **74**
Präpositionen mit Dativ **74**
Präpositionen mit Genitiv **74**
Präsens **40, 42**
Präteritum **38, 40, 42**
Pronomen, Übersicht **66**
Punkt **120**

R

Rechtschreibfehler, vermeiden **78**
reflexive Verben **34**
Reflexivpronomen **66**
regelmässige Steigerung **64**
Relativpronomen **66, 68**
Relativsatz **106**

S

Satzgefüge **104**
Satzglied, Definition **100**
Satzverbindung **104**
Schrägstrich **126**
schwache Verben **38**
s-Deklination **60**
Silben **10**
Singular **56**
Sprechsilben, Trennung **10**
Stammformen Verb **38**
Stammsilben **10**
Standardsprache **18**
starke Verben **38**
Stilschichten **18**
Strichpunkt **120**
Subjekt **92**
Superlativ **64**
Synonym **20**
Syntaxmodelle **100**

T

temporale Adverbialien **98**
transitive Verben **34**

U

Umgangssprache **18**
Umlaute **80**
Umstellprobe **100**
unpersönliche Verben **34**
unregelmässige Steigerung **64**
Unterbegriff **22**
unterordnende Konjunktionen **72**

V

Verschiebeprobe **100**
Vokale **8, 80**
Vollverb **32, 34**
Vorsilben **10**
Vorzeiten **40**
Vorzeitigkeit **40**
Vulgärsprache **18**

W

Willkürlichkeit **14**
Wort, Definition **14**
Wort, Form und Inhalt **14**
Wort, Zusammensetzung **16**
Wortarten, Einteilung **30**
Wortbedeutung **18**
Wörterbuch, nachschlagen **130**
Wortfamilie **20**
Wortfeld **20**
Wortschatz **14**
Wortverbindung **16**

Z

Zahlpronomen **66**
Zeiten, Anwendung **42**
Zeitenfolge **42**
Zeitformen **40**
Zusammenfassungen, Beispiele **136**
Zusammenschreibung, Regeln **88**
Zusammensetzungen **10, 16**
Zustandspassiv **52**

hep der bildungsverlag
www.hep-verlag.ch

104 Seiten, A4, Broschur

Lösungsbuch
34 Seiten, A4, Broschur

Alex Bieli, Ruedi Fricker

Deutsch Kompaktwissen – Band 2

Textsorten, Stilistik

«Deutsch Kompaktwissen – Band 2» ist, wie der erste Band, thematisch und modular aufgebaut. Im ersten Teil sind oft verwendete Textsorten des schulischen, beruflichen und privaten Alltags übersichtlich dargestellt. Der zweite Teil gibt wichtige Hinweise zur Stilistik mit vielfältigen Übungen zum jeweiligen Thema. Das Lösungsbuch dient dem Vergleich mit den eigenen Lösungsideen und damit der Selbstkontrolle. «Deutsch Kompaktwissen – Band 2» ist so ein nützliches Hilfsmittel, wenn man die eigene Sprachkompetenz aufbauen und im persönlichen Sprachhandeln sicherer und erfolgreicher agieren möchte.

Das Lehrmittel wird für den Klassenunterricht in der beruflichen Ausbildung der Sekundarstufe II, für Aus- und Weiterbildungskurse im Rahmen der Erwachsenenbildung sowie für das Selbststudium empfohlen.

hep
der bildungsverlag
www.hep-verlag.ch

112 Seiten, A4, Broschur

Alex Bieli

Korrespondenz plus

Das Handbuch für erfolgreiches Schreiben. Ein Lehrmittel und Nachschlagewerk

«Korrespondenz plus» enthält alle relevanten Informationen für erfolgreiches Schreiben – kurz, klar und konzis dargestellt auf insgesamt 40 Doppelseiten. «Korrespondenz plus» vermittelt das Grundlagenwissen zu den wichtigsten Briefsorten der Geschäftskorrespondenz wie Anfrage, Angebot, Liefermahnung, Zahlungsmahnung – mit aktuellen Orientierungsbeispielen. Weiter enthält «Korrespondenz plus» das Wichtigste zum Thema Bewerben und Beurteilen sowie zu weiteren Textsorten wie Werbebrief, Medienmitteilung, Leserbrief, Protokoll, Umfrage u. a. «Korrespondenz plus» befasst sich zudem mit den Grundlagen der Stilistik, erläutert die Regeln der Grammatik, Zeichensetzung und Rechtschreibung, weist auf die Anforderungen an die formale Darstellung hin und erklärt zentrale Aspekte der Kommunikation und Argumentation.

Das Lehrmittel eignet sich für den Unterricht an Berufsfachschulen und Mittelschulen, für Kurse in der Erwachsenenbildung sowie für das Selbststudium. Zudem dient es als Nachschlagewerk für die geschäftliche und private Korrespondenz.